BIBLIOTHÈQUE PROUSTIENNE
sous la direction de Luc Fraisse
36

La Peinture selon Proust

Sophie Bertho

La Peinture selon Proust

Les détournements du visuel

PARIS
CLASSIQUES GARNIER
2021

Sophie Bertho est maître de conférences émérite de l'université libre d'Amsterdam et de l'université de Fribourg-en-Brisgau. Depuis sa thèse sur Henri Michaux, elle a travaillé sur les rapports interarts et sur Marcel Proust. Sous sa direction ont notamment paru *Proust contemporain*, *Proust et ses peintres* et *Proust dans la constellation des modernes*.

ISBN 978-2-406-10757-6 (livre broché)
ISBN 978-2-406-10758-3 (livre relié)
ISSN 2117-3494

Pour Sándor Áron Kibédi Varga.

ABRÉVIATIONS

Corr.	*Correspondance* de Marcel Proust, éditée par Philip Kolb, 21 tomes, Paris, Plon, 1970-1993.
CSB	Marcel Proust, *Contre Sainte-Beuve*, précédé de *Pastiches et mélanges* et suivi de *Essais et articles*, éd. Pierre Clarac / Yves Sandre, Paris, Gallimard, « Bibliothèque de la Pléiade », 1971.
JS	Marcel Proust, *Jean Santeuil*, précédé de *Les Plaisirs et les jours*, éd. Pierre Clarac / Yves Sandre, Paris, Gallimard, « Bibliothèque de la Pléiade », 1971.
Recherche	Marcel Proust, *À la recherche du temps perdu*, éd. Jean-Yves Tadié, Paris, Gallimard, « Bibliothèque de la Pléiade », 4 vol., 1987-1989.
Wildenstein	Daniel Wildenstein, *Monet. Catalogue raisonné*, Cologne, Taschen, 4 vol., 1996.

AVANT-PROPOS

Marcel Proust est peut-être de tous les grands écrivains français celui qui s'intéresse le plus, et passionnément, non seulement à l'art des lettres, aux filiations intertextuelles de sa propre écriture, mais à tous les arts. Cette passion passe d'ailleurs de la vie à l'œuvre, les éléments biographiques se transforment en éléments de poétique. Dans les lieux qu'il fréquente – théâtres, salons mondains, ateliers, expositions –, il écoute des concerts, il voit des spectacles ou des tableaux ; plus tard, malade, dans la chambre de liège, il accumule les monographies de peintres, il étudie des reproductions de toiles de maîtres, des photographies. Et c'est ainsi que se construit, d'abord en lui sans doute, mais bientôt aussi comme fil directeur de son travail créateur, ce qu'on pourrait appeler un art total, un *Gesamtkunstwerk*.

À la recherche du temps perdu se présente sur le plan verbal comme une œuvre littéraire, mais elle se nourrit en même temps, et sans cesse, des autres arts ; elle est une symphonie, elle est une architecture. Qu'il s'agisse de la vocation d'écrivain du Narrateur, des artistes fictifs que Proust met en scène (l'écrivain Bergotte, le musicien Vinteuil et le peintre Elstir), des innombrables références à des peintres, à des écrivains, à des musiciens, à des tableaux, à des livres, ou même encore de réflexions sur l'art, ponctuant régulièrement le récit, c'est bien l'ensemble des arts, leur interpénétration dans le tissu verbal qui réalise la poétique proustienne, qui opère la transformation de la réalité en « vraie vie ». De tous les arts, c'est cependant à l'art pictural que Proust accorde dans son roman une place singulière[1].

Fin du XXe siècle, début du deuxième millénaire : mobile ou fixe, le texte déborde. La fin du règne du logocentrisme est annoncée ; le verbe

1 Cet avant-propos reprend certains éléments de mon étude intitulée « Proust Mythologies », dans *Esta locura por los sueños. Traumdiskurs und Intermedialität in der romanischen Literatur- und Mediengeschichte*, éd. Uta Felten et Michael Lommel, Heidelberg, ©Winter Verlag, 2005, p. 193-202.

cède sa place privilégiée à l'image, démultipliée, envahissant nos vies. Et plus que jamais sans doute, on peut vérifier que le moi social n'est qu'une image construite par les autres, et combien Proust était en avance sur son temps… Mais aujourd'hui, lire *À la recherche du temps perdu* ce n'est plus tellement s'intéresser à l'adversaire de Sainte-Beuve. Avec l'émergence des œuvres multi-supports, la renaissance des études inter-arts, et avec surtout la surconsommation culturelle, l'engouement formidable pour tout ce qui s'expose, la question de « Proust et la peinture » ne pouvait bien évidemment que s'imposer. De très nombreux travaux ont été consacrés ces derniers temps aux tableaux et aux peintres qui s'inscrivent dans la *Recherche*, depuis les tout premiers ouvrages de Juliette Monnin-Hornung et de Jean Autret[2], jusqu'à, plus récemment, des articles particuliers, des recueils et des ouvrages[3]. Et Proust suscite aussi, chose paradoxale pour un écrivain, de nombreux catalogues[4]. Le plus souvent ces études constituent une recherche savante, historique et génétique[5] ; il s'agit de déterminer les diverses occurrences d'un artiste ou de ses œuvres disséminées dans le roman, dans la Correspondance, les Cahiers, les Essais, et d'opérer une reconstitution biographique précise des connaissances artistiques de Proust.

C'est dire encore que le sujet de « Proust et la peinture » a été si souvent traité que le lecteur non averti serait d'abord tenté de voir dans Proust un amateur de tableaux, un connaisseur raffiné de la peinture.

2 Juliette Monnin-Hornung, *Proust et la peinture*, Genève, Droz, 1951 ; Jean Autret, *L'Influence de Ruskin sur la vie, les idées et l'œuvre de Marcel Proust*, Genève, Droz, 1955.

3 On retrouvera dans la bibliographie un grand nombre de ces études et ouvrages concernant Proust et la peinture.

4 On retiendra le catalogue, dirigé par Jean-Yves Tadié et al., de l'exposition qui eût lieu à la Bibliothèque Nationale en 1999-2000, consacrée à l'échange entre les différentes disciplines artistiques : *Marcel Proust –, l'écriture et les arts*, Gallimard, BNF, 1999. On soulignera aussi la large place accordée à la peinture dans l'édition de la Pléiade (1987-1989) dirigé par J.-Y. Tadié. Voir également Eric Karpeles, *Le Musée imaginaire de Marcel Proust : tous les tableaux de* À la recherche du temps perdu, traduit de l'anglais par Pierre Saint-Jean, Paris, Thames & Huson, 2009 [éd. orig. : *Paintings in Proust – A Visual Companion to In Search of Lost Time*, Londres, 2008]. Deux cents tableaux reproduits selon la chronologie du roman, illustrent dans cet ouvrage, sans faire l'objet de commentaires, les passages correspondants de la *Recherche*. Signalons l'utile ouvrage de Michèle M. Magill, *Répertoire des références aux arts et à la littérature dans* À la recherche du temps perdu *de Marcel Proust, suivi d'une analyse quantitative et narrative*, Birgmingham, Alabama, Summa Publications, Inc., 1999. On consultera le beau *Proust et les peintres*, éd. Anne Borrel et Maïthé Vallès-Bled, (Musée de Chartres, 1991) et *Le Musée retrouvé de Marcel Proust* de Yann Le Pichon avec la collaboration d'Anne Borrel, Paris, Stock, 1990.

5 *Cf.* en particulier les études de J. Theodore Johnson Jr., de Luzius Keller et de Kazuyoshi Yoshikawa (voir bibliographie).

Rien n'est moins vrai cependant si l'on considère que, dans la *Recherche* – ce sera notre propos – l'objet pictural, passé au filtre de « réalité intérieure », est en fait asservi au récit.

Certes, la culture artistique de Proust est immense. Dès l'enfance, il s'intéresse à la peinture ; il ne cesse de voir des tableaux, au Louvre d'abord, puis dans les salons qu'il fréquente – comme celui de Madame Straus, « encombrée, plaisantait-elle, de Boudins et de Corots » – dans les expositions, les galeries et parfois même *in situ*, lorsqu'entre 1898 et 1902, il visite la Belgique, la Hollande, Venise et Padoue.

On connaît aussi les rapports personnels qu'il entretient avec des peintres : Jean Béraud ou Jacques-Émile Blanche, Puvis de Chavannes, Whistler ; on connaît ses préférences pour les peintres impressionnistes et son goût pour des courants plus modernes tels que le futurisme et le fauvisme, l'intérêt qu'il porte à la peinture hollandaise et flamande. Plus tard, quand la maladie l'empêche de bouger ou même de sortir, la littérature critique constitue un apport considérable à la culture artistique de Proust : il continue à lire attentivement les revues d'art – c'est un lecteur assidu de la somptueuse *Gazette des Beaux-Arts* dirigée par Charles Ephrussi –, il possède une impressionnante collections de reproductions, et bien sûr, il s'informe constamment sur les œuvres qui l'intéressent, ennuie ses correspondants pour des détails[6].

Mais tout cela ne le conduira pas, ensuite, à accorder dans la *Recherche* une place centrale, indépendante, à l'art de la peinture. Et il n'est pas non plus dans les intentions de Proust – comme on le lit parfois – de nous faire découvrir des peintres, de leur rendre hommage, de nous faire partager ses admirations artistiques. Il n'y a aucune dimension didactique dans ses allusions à la peinture. Proust ne désire pas nous faire découvrir Vermeer : le « petit pan de mur jaune » n'est pas *La Vue de Delft*... Contrairement aux Goncourt ou à Montesquiou, ses contemporains, il ne veut pas éduquer notre regard, ou alors c'est dans un autre sens que Montesquiou révélant à ses invités les fleurs inaperçues au fond d'un tableau. Pour la beauté, l'auteur de la *Recherche* ne fait d'ailleurs guère

6 Pour la documentation consultée par Proust, on lira Luc Fraisse, *Proust au miroir de sa correspondance*, Paris, SEDES, 1996, en particulier le chapitre VIII, « Comment Proust se documente », p. 436-457. *Cf.* aussi l'ouvrage collectif bilingue allemand-français : *Cher Ami... Votre Marcel Proust, Marcel Proust et sa correspondance* (lettres et autographes de la *Bibliotheca Proustiana* Reiner Speck), éd. Jürgen Ritte et Reiner Speck, Cologne, Snoek, 2009, qui éclaire la vie mondaine du jeune Proust.

confiance au commentaire muséal, celui d'un Fromentin par exemple qui « sut rarement dans ses livres, malgré tout son luxe d'explications fines, de raisonnements profonds, de touches techniques, nous faire voir un tableau[7] ».

Insistons encore : Proust cite plus de cent trente peintres dans son œuvre, des noms reviennent comme ceux de Carpaccio, Giotto, Botticelli, Mantegna, Véronèse, Rembrandt, Moreau, Chardin, Vermeer –, mais le musée proustien que constitue *À la Recherche du temps perdu* n'est pas celui d'un collectionneur, d'un connaisseur d'art révélant au lecteur les maîtres de la peinture. Sur ce point, Proust se sépare radicalement de Ruskin, qu'il vénéra tant mais dont il récuse la « religion de la beauté », et aussi de Swann, ce personnage qu'il a créé, si important pour le déroulement de la *Recherche* et que le Narrateur, avant les révélations du *Temps retrouvé*, prendra pour modèle ; Swann qui, lui, finira tristement sa vie et ne deviendra pas un créateur, trop attaché qu'il est aux détails matériels et – soulignons l'ironie proustienne – « extrêmement précis pour une recette de cuisine, pour la date de la naissance ou de la mort d'un peintre, pour la nomenclature de ses œuvres[8] » !

L'interaction des arts, et comme ici, chez Proust, les rapports entre littérature et peinture, peut être analysée selon différentes perspectives. La première est externe, elle concerne l'œuvre et son créateur : à quel moment par exemple, et dans quelles circonstances précises, l'écrivain prend-t-il connaissance de l'œuvre picturale qu'il insère dans son œuvre ? Cette question relève de la philologie et de l'histoire de l'art, la dimension biographique est ici pertinente. Une deuxième perspective, externe là aussi, objet de recherches sociologiques et herméneutiques impliquerait l'œuvre et son récepteur : comment rendre compte de l'effet produit sur le lecteur, à différentes époques, par l'insertion d'une œuvre d'art (tableau, sculpture, musique, photographie) dans une œuvre littéraire ? La troisième perspective, elle, est interne au texte. Elle concerne le fonctionnement de l'œuvre d'art à l'intérieur du récit, ce qui implique la narration et les personnages.

Mon propos, on l'aura compris, n'est pas de procéder une nouvelle fois, selon une approche historique, à l'inventaire, à l'authentification ou à l'interprétation minutieuse des tableaux qui, sous différentes formes

7 *Essais et articles*, *CSB*, p. 518.

8 *Recherche*, t. I, p. 207.

– descriptions, allusions, références, comparaisons –, ponctuent le roman proustien ; l'enjeu n'est pas ici de s'interroger sur l'apport de tel ou tel peintre pour l'ensemble de l'œuvre proustienne, ni de rechercher avec quelle fréquence et dans quel contexte tel peintre et ses tableaux sont mentionnés. J'aurai bien entendu recours à cette approche lorsqu'elle s'avère utile à ma démonstration et je retracerai l'itinéraire visuel du jeune Proust, les rencontres et influences qui précèdent sa poétique. Mais de manière générale, cette recherche – indispensable puisqu'elle suture le vécu et l'écrit, la vie et l'œuvre –, a déjà été largement accomplie.

En revanche, je m'intéresserai tout particulièrement au fonctionnement interne de la peinture dans l'œuvre proustienne ; mon ambition a été de comprendre comment les évocations picturales participent de manière éminemment constructive à la poétique proustienne, et à une réflexion sur la mimésis. À quelles fins et selon quelle démarche singulière obéit le détournement de la peinture par Proust, comment la soumet-il à sa propre poétique, c'est à cette question centrale que j'aimerais répondre.

Il fallait aussi montrer un Proust bien plus rebelle à son milieu qu'on ne l'imagine, s'opposant à la critique d'art de son temps qui pratique « la transposition d'art » et conçoit d'abord la peinture comme un objet autonome. J'ai voulu mettre en avant l'extraordinaire liberté et inventivité de Proust, dont la culture artistique est considérable mais qui ne se soucie ni de l'histoire de l'art, ni de la matérialité picturale de l'œuvre lorsqu'il subvertit des tableaux célèbres aux fins de son roman : Proust poursuit dans la *Recherche* ce processus d'intériorisation, dangereux et fécond, qui fait passer le tableau du monde du dehors à « l'espace du dedans », pour reprendre le beau titre d'Henri Michaux[9].

Les pages qui suivent furent écrites au cours des vingt dernières années sous la forme d'articles, parus dans des revues et des recueils, en France, aux Pays-Bas et en Allemagne ; actualisées, rassemblées, elles forment ce livre. J'ai repris tout ou partie de mes articles concernant Proust et la peinture ; on les retrouvera cités dans la bibliographie[10]. Il s'agissait pour moi de transformer en un récit continu des réflexions parfois ponctuelles, car une convergence majeure a surgi à la relecture, montrant qu'à travers

9 Henri Michaux, *L'Espace du dedans*, pages choisies (1927-1959), Paris, Gallimard, 1966.

10 Le premier de mes articles concernant Proust et la peinture est paru en 1990 : « L'image asservie, fonctions du tableau dans le récit », dans *L'interprétation détournée*, éd. Leo H. Hoek, Amsterdam/Atlanta, Rodopi/Brill, p. 25-36.

différents angles d'analyse, une identité se manifestait : j'en revenais toujours à ce fascinant détournement opéré par Proust, soumettant la peinture aux exigences de sa narration et – j'insiste sur ce point –, sans considération d'ordre pictural, historique ou religieux, laissant les rênes à l'imagination créatrice.

Proust, écrivain par excellence de l'introspection, en se réappropriant la peinture dans un geste éminemment littéraire, montre que l'art n'a de vérité qu'à la condition de pénétrer l'espace intérieur du spectateur, sinon – comme nous le montre de manière répétée le roman proustien –, l'art est simple posture mondaine : un marqueur social valorisant, comme ces références picturales qui émaillent la conversation des Verdurin, ou bien un trophée qu'on exhibe et qui vous hausse dans la sociabilité. De nombreux personnages de la *Recherche* utilisent les tableaux à ces fins.

À moi donc, suivant Proust, de ne pas rester spectateur passif, fasciné par l'objet esthétique, mais de me réapproprier ce que je vois, faire entrer le tableau dans la configuration mouvante de mon imaginaire, de mes désirs, de mes angoisses, et ainsi connaître d'autres mondes enfin mis à ma disposition : bref, transformer une image en « instrument optique ». C'est à ce prix, pour reprendre la célèbre formule de Cocteau, que l'art est « toujours un mensonge qui dit la vérité ». Proust, de façon très actuelle, soutient à travers toute son œuvre cette dictature du spectateur.

J'ai déjà nommé plus haut Montesquiou, les frères Goncourt, Ruskin. Il s'agira d'éclairer, dans la première partie de cet ouvrage, quel fut l'apport de ces trois penseurs, qui furent tous fascinés par l'art de la peinture et aussi collectionneurs ; mais en même temps, à travers eux, c'est une poétique, c'est la conception proustienne de l'art pictural que nous aimerions mettre en lumière : Proust, tout d'abord, entre en résonance avec l'univers de ces trois « maîtres à penser », capte idées et mots, pour ensuite très nettement s'en distancier. Tout ceci, nous le verrons, ne va pas sans difficultés. En effet dans sa jeunesse, pour parler de peinture, Proust suit la *doxa* esthétique de son temps, utilise les formes stylistiques et de critique d'art qui lui sont proposées par les revues et journaux de son époque : transpositions d'art et descriptions ekphrastiques.

Il est donc passionnant de suivre les tâtonnements de Proust, qui privilégie d'abord, pour s'en débarrasser radicalement ensuite dans *À la recherche du temps perdu*, cette forme d'écriture utilisée depuis l'Antiquité par les écrivains dans le but de reconstituer par la parole un tableau absent, en faire admirer au lecteur la beauté : nous avons nommé ici l'*ekphrasis* dont nous proposons bien entendu une ample définition. Dans la deuxième partie de cet ouvrage, c'est cette évolution, ce tournant remarquable pris par Proust lorsqu'il parle peinture que nous aimerions éclairer. Tout d'abord à travers différents textes de jeunesse portant sur une toile de Monet connue sous le nom de « Débâcle » ou « Dégel ». L'approche génétique s'avère fructueuse : il apparaît en effet que les descriptions ekphrastiques – datant d'avant 1899 –, du tableau impressionniste seront plus tard dans la *Recherche* (le Cahier 28, vers 1909, déjà en témoigne) littéralement absorbées par la narration. Par ailleurs, on peut dire que cette « dissolution » d'un tableau connu, est la forme la plus extrême de ce processus fréquent que je désigne comme étant un détournement du pictural par Proust. Le tableau n'est plus là pour être passivement admiré. Dans l'optique proustienne, l'œuvre permet de dominer la vie en train de se faire, de traverser son opacité. Proust, résolument moderne, contrairement à Goethe, l'un des derniers Anciens, soumet les tableaux à sa propre poétique, et il abandonne ce rôle de médiateur esthète – privilégié au siècle passé, mais aussi par ses contemporains –, entre l'objet pictural et le lecteur.

La troisième partie, qui porte sur les dynamiques du tableau dans le roman proustien, sera consacrée à l'étude de cette réappropriation du pictural par l'auteur d'*À la recherche du temps perdu* et aux fonctions qui régissent le statut du tableau dans la narration et au-delà. Le dernier chapitre, intitulé « Le roman pictural d'Albertine », met en lumière comment, de façon structurante, les toiles des maîtres italiens, en particulier, accompagnent les différentes étapes de la passion du Narrateur pour Albertine.

En effet, Proust, pour s'assurer que la métamorphose, pierre angulaire de sa poétique, opère véritablement chez son lecteur, cherche à « diriger » ses images mentales en lui proposant des tableaux, des références picturales (peinture italienne surtout, hollandaise, française de la fin du XIXe et du début du XXe siècle) à des moments du récit qui s'avèrent ensuite être cruciaux. Ils occupent une place emblématique dans le déroulement temporel du récit et assument différentes fonctions, principalement psychologique, rhétorique, et ontologique, que je me propose de mettre en lumière. Les personnages se trouvent figurés dans des tableaux, ou accompagnés par eux ; ces tableaux – plus généralement portraits ou tableaux d'histoire –, décrits minutieusement ou à peine évoqués, semblent dévoiler leurs secrets, les enrichissent et leur confèrent des dimensions nouvelles, idéalisantes ou inquiétantes.

Dans le roman proustien, on voit d'abord et on sait ensuite. Dans ce contexte, le tableau a une fonction très particulière : le Narrateur – et finalement le lecteur – n'en retient que ce qui le concerne intimement, ce qui le renvoie à lui-même, ce qui lui permet de comprendre les autres, et de se comprendre. Je montrerai que la perception particulière des tableaux, qu'il s'agisse de Carpaccio, Titien, Giotto et bien d'autres – perception transgressive, qui ne correspond ni à l'intention originelle des peintres, ni même encore aux interprétations fournies par les historiens de l'art –, ponctue dans une large mesure le cheminement du Narrateur de la *Recherche*, son amour pour la trop énigmatique Albertine, et le travail du deuil qui clôt cet amour.

Étudier de près les dynamiques liées au tableau dans l'œuvre de Proust, c'est se donner un moyen exceptionnel de mieux comprendre sa poétique, de mieux connaître ses personnages. Et du même coup, c'est mieux pénétrer le sens de cette œuvre qui intègre les autres arts à la littérature et qui propose, grâce à la peinture, une fusion de la beauté sensorielle, de l'érotisme et de la mémoire. C'est ainsi que, comme le romancier, le lecteur ressent à son tour l'osmose de la vie et de l'art, la vie transformée et essentialisée par l'art.

Je remercie l'Académie royale néerlandaise des sciences et des arts / Koninklijke Nederlandse Akademie van Wetenschappen *qui a soutenu ma recherche sur Marcel Proust. Je remercie les merveilleuses Yvette Bertho et Jeanne Denieul. Merci à Kees Meerhoff qui a eu la gentillesse de relire mon manuscrit. Mes vifs remerciements vont également à Richard Labévière, Alain Lemaître, Olivier Rolin, Volker Roloff.*

LA VIE À L'ŒUVRE

EN MARCHE VERS UNE ESTHÉTIQUE

Entre le début des années 1890 et la première décennie des années 1900, avant l'élaboration de sa poétique et le rapport très personnel que le romancier de la *Recherche* entretient avec la peinture, le jeune Proust traverse une période d'apprentissage, apprentissage tout à la fois social, artistique, amoureux qui se joue en ces quatre mots : rencontres, lectures, adorations, désenchantements. La biographie devient « la source du roman[1] ». Les éléments biographiques sont indispensables en effet pour comprendre la démarche de Proust quant à la peinture : c'est qu'au milieu des menus incidents de la vie, la biographie nous permet de suivre la lente élaboration d'une esthétique qui précède l'œuvre, d'une « doctrine antérieure aux réalisations[2] » et dont la *Recherche* sera la consciente illustration[3].

AVANT LE *MAGNUS OPUS*

Après son baccalauréat en 1889, c'est une intense vie mondaine mais aussi créatrice qui s'ouvre pour Marcel. 1896 voit la publication de son premier ouvrage *Les Plaisirs et les Jours*[4], album luxueux, réunissant

1 Selon l'heureuse formule de Jean-Yves Tadié, *Marcel Proust*, Paris, Gallimard, « Biographies », 1996, p. 173. Je reprends dans ce chapitre plusieurs passages de mon article intitulé « La Vie à l'œuvre (Jean-Yves Tadié, *Marcel Proust, biographie*) », *Critique*, 598 (mars 1997).

2 Jean-Yves Tadié, *ibid.*, p. 173.

3 Une thèse que contredirait peut-être Vincent Descombes qui entend prouver, lui, que « la doctrine professée par Proust théoricien est particulièrement impropre à la transposition narrative » (Vincent Descombes, *Proust – Philosophie du roman*, Paris, Minuit, 1987, p. 19).

4 *Les Plaisirs et les Jours*, illustrations de Madeleine Lemaire, préface de d'Anatole France et quatre pièces pour piano de Reynaldo Hahn, Paris, Calmann-Lévy, 1896. Repris dans *JS*, 1971.

contes, portraits et études, illustré par Madeleine Lemaire, peintre en vogue, qui organisait dans son atelier-salon des soirées poétiques et musicales très courues. C'est d'ailleurs à l'une de ces soirées, le 28 mai 1895, que Proust lit pour la première fois ses « Portraits de peintres[5] » (publiées ensuite dans *Les Plaisirs et les Jours*), « vignettes », transposées musicalement par Reynaldo Hahn – qui restera son ami jusqu'au dernier jour – et dans lesquelles il illustre en vers, selon une « transposition d'art » chère à Baudelaire, son poète préféré, des tableaux qu'il a vus au Louvre. En 1900, démissionnaire de la Bibliothèque Mazarine, Proust se rend à Venise de fin avril à fin mai avec sa mère. Nous reviendrons sur ce voyage car Venise est aussi la ville de Ruskin, l'auteur des *Stones of Venice*, que Proust découvre dans ces années 1900/1901 et à qui voue dans sa jeunesse une immense admiration ; il traduit pendant plusieurs années, avec l'aide de sa mère et de Marie Nordlinger, différents ouvrages[6] de l'esthéticien anglais : Proust romancier retiendra mais contrera aussi les leçons du grand Ruskin.

L'année 1905 est déterminante pour l'œuvre proustienne, car c'est l'année dévastatrice de la mort de sa mère, après celle de son père en 1903 : « descente aux enfers[7] », fracture dans le temps et, bien évidemment, avec le travail du deuil, surgissement du Temps ; rien ne sera plus comme « avant ». C'est la fin – comme le souligne à maintes reprises dans ses mémoires Céleste Albaret[8], qui veillera sur Proust durant les huit dernières années de sa vie – de ces jours « bénis », de ces temps « enchantés » dont il s'agira, dès lors, de ressusciter l'essence.

Installé boulevard Haussmann, l'asthme – aujourd'hui encore cette grave maladie d'origine allergique (et non psychologique comme on le croit trop souvent[9]), soignée très médiocrement à l'époque par des

5 « Portraits de peintres », fut composé en 1894, année de la rencontre entre Marcel et Reynaldo. Les poèmes « Albert Cuyp », « Paulus Potter », « Antoine van Dyck » et « Antoine Watteau » forment l'ensemble intitulé « Portraits de peintres », *Les Plaisirs et les Jours*, *JS*, p. 80-82.

6 John Ruskin, *La Bible d'Amiens*, traduction, notes et préface par Marcel Proust, Paris, Mercure de France, 1904 ; John Ruskin, *Sésame et les lys*, traduction, notes et préface par Marcel Proust, Paris, Mercure de France, 1906.

7 Selon la formule de Jean-Yves Tadié, 1996, *op. cit.*, p. 551.

8 Céleste Albaret, *Monsieur Proust. Souvenirs recueillis par Georges Belmont*, Paris, Robert Laffont, 2014.

9 Ghislain de Diesbach, dans sa biographie sur Proust (*Proust*, Paris, Perrin, 1990, p. VI-VII) écrit ainsi avec quelque brutalité : « La maladie a toujours été pour lui non seulement

fumigations de poudre Legras –, l'empêche de sortir[10], et va ainsi se former la légende de l'écrivain enfermé dans sa chambre tapissée de liège. 1907 voit la publication de toute une série d'articles dans *Le Figaro*, 1908 celle des *Pastiches* et la mise en chantier de textes réquisitoires contre le fameux critique du XIXe siècle dont Proust rejette la « méthode » et que Bernard de Fallois classera et réunira en 1954 sous le titre *Contre Sainte-Beuve*. Le projet « Sainte-Beuve » aboutira à la *Recherche du temps perdu*, dont la rédaction s'étale, rappelons-le, sur de longues années jusqu'à la veille de la mort de l'auteur, d'une pneumonie, le 18 novembre 1922 à l'âge de 51 ans. Retenons encore ici l'année 1913, celle de la parution de *Du côté de chez Swann*, publié par Bernard Grasset à compte d'auteur, car refusé par la maison Gallimard, par Gide qui fera son *mea culpa* sur la « plus grande erreur de sa vie ». Faut-il interpréter ce refus comme la confirmation de la plus célèbre thèse proustienne en matière de critique littéraire, selon laquelle il s'agit de dissocier les deux « moi », moi de « l'écrivain » et moi de « l'homme du monde » ? Gide n'aurait voulu voir dans l'auteur Proust que le mondain, qu'il croisait si souvent dans les salons.

Enfin, une dernière date : celle de septembre 1914, date du dernier séjour de Proust à Cabourg, et qui marque encore l'entrée dans la dévastatrice Grande Guerre[11], la fin des fêtes remplacées par le cortège des morts et des deuils, et le début de la réclusion de Proust boulevard Haussmann pour les huit dernières années de sa vie à écrire son œuvre.

---

un refuge et une protection, mais un état social. Il est malade par profession, comme son père est médecin, c'est-à-dire un statut privilégié qui le place au-dessus des simples mortels, au-dessus des règles, et lui permet de s'habiller comme il l'entend, d'arriver partout avec deux heures de retard, d'exiger une certaine température, une certaine disposition des lieux et surtout d'infinis égards ».

10 Concernant l'asthme chez Proust, voir l'article de Reiner Speck, « Toujours au lit », dans *Cher Ami…Votre Marcel Proust*, *op. cit.*, p. 83-91. R. Speck, professeur en médecine, est également le président de la renommée *Marcel Proust Gesellschaft* (Cologne), le fondateur de la « *Bibliotheca Proustiana* Reiner Speck », et de la « *Biblioteca Petrarchesa* », collections qui rassemblent des milliers d'ouvrages, des manuscrits originaux et rares, des lettres et autographes.

11 Pour les différents aspects de la Grande Guerre dans l'œuvre proustienne, voir l'ouvrage collectif publié par Wolfram Nitsch et Jürgen Ritte, *Marcel Proust und der erste Weltkrieg*, Berlin, Insel, 2017.

APPRENTISSAGE DES HOMMES ET DES IDÉES

On est stupéfait, en ces années 1890 où le nom de Proust ne cesse de figurer dans le bulletin mondain du *Figaro*, de découvrir chez celui qui dans nos esprits est lié à la maladie, à la chambre obscure et au silence de l'écriture, un goût extraordinaire pour ce monde de la sociabilité parisienne dont il révèlera plus tard, avec tant d'ironie, l'insignifiance et la cruauté : fascination pour ces salons bourgeois qui se haussent avec artistes et collectionneurs, entrées dans le Faubourg Saint-Germain avec son aristocratie sur le déclin, soirées à l'Opéra, spectacles et concerts en compagnie de Reynaldo Hahn ; car non seulement la peinture mais aussi la musique joue un rôle important : Proust aime écouter Reynaldo Hahn, avec qui il restera proche jusqu'à son dernier jour, « le seul qui fût toujours reçu quand il venait », rapporte Céleste Albaret[12], mais aussi les compositeurs en vogue à l'époque : Fauré, Saint-Saens, César Franck, Debussy.

En fait, l'entour du petit Marcel fut essentiellement artistique : qu'il s'agisse de sa vie familiale et des conversations sur l'art avec sa mère ou avec des membres de sa famille, côté Weil, de ses visites constantes au Louvre dès son plus jeune âge[13], de sa vie sociale plus tard, avec musées, galeries et expositions, ou même des salons mondains qui lui permettent fréquenter des peintres comme Puvis de Chavannes ou Whistler.

En ces années 1890 à 1899, Proust va voir quantité de tableaux, et bien entendu des Monet, ce peintre si important pour la *Recherche*. Depuis le début des années 1890, le « petit Marcel » fréquente en particulier le salon de l'aquarelliste Mme Madeleine Lemaire, le peintre des roses, qui recevait au 31, rue Monceau tous les grands noms de l'aristocratie et à laquelle Proust consacre en 1903 un article dans *Le Figaro*[14]. On connaît l'amitié qui lie Proust aux Straus, en particulier à Mme Straus, veuve du compositeur Bizet, qui a rassemblé de nombreuses toiles impressionnistes, dont plusieurs Monet, comme le fameux *Soleil levant*. On le voit chez la

---

12 Céleste Albaret, *Monsieur Proust*, *op. cit.*, 1973 ; 2014, p. 275.

13 Voir l'article de Antoine Compagnon, « Proust au musée », dans *Marcel Proust, l'écriture et les arts*, éd. Jean-Yves Tadié, Paris, Gallimard, Bibliothèque nationale de France, Réunion des musées nationaux, 1999, p. 67-80.

14 L'article du *Figaro* (11 mai 1903) s'intitule « La Cour aux lilas et l'atelier des roses. Le salon de Mme Madeleine Lemaire », signé « Dominique », *Essais et articles*, *CSB*, 1971, p. 457-464.

princesse Edmond de Polignac[15] (Miss Winnaretta Singer), qui possède une extraordinaire collection réunissant Corot, Helleu, Renoir, Manet et Monet, ainsi cette toile troublante, intitulée *Une norvégienne* : trois jeunes filles en fleurs, pêchant à bord d'une norvégienne, ou encore ce *Champ de tulipes, Hollande*, commenté ainsi par Proust : « le plus beau tableau de Claude Monet que je sache : *un champ de tulipes près de Haarlem*[16] ».

Il a ses entrées chez Mme de Cavaillet, l'égérie d'Anatole France, et aussi chez la princesse Mathilde[17], cénacle de la seconde moitié du XIXe siècle, que fréquentèrent Mérimée, Flaubert, Sainte-Beuve et les frères Goncourt. Ce salon n'a rien perdu de son prestige en ces années 1890 et réunit la noblesse européenne avec le Tout-Paris des arts et des lettres. L'un de ses familiers est Charles Éphrussi[18], souvent désigné comme étant, avec Charles Haas, l'un des modèles de Swann. Ephrussi, banquier lié aux Rothschild, est à partir de 1894 le directeur de la somptueuse *Gazette des Beaux-Arts*, à laquelle l'auteur de la *Recherche* doit une grande partie de ses connaissances artistiques. Il est aussi critique d'art, auteur d'« un beau livre sur Dürer[19] » et il donnera à Proust l'occasion de publier dans sa revue, en avril et août 1900, un article sur Ruskin[20]. Surtout, il initie le « petit Marcel » au monde de l'art ; Ephrussi possède en effet une remarquable collection : œuvres de la Renaissance, période à laquelle il s'intéresse tout particulièrement, tableaux du XVIIIe siècle, mais aussi de nombreuses toiles de ses contemporains, des Manet[21], des

15 Dans *Le Figaro* du 6 septembre 1903, Proust lui consacre un article intitulé « Le Salon de la Princesse de Polignac ».

16 « Le Salon de la princesse Edmond de Polignac », *Essais et articles*, *CSB*, p. 468.

17 Voir l'article intitulé « Le Salon de S. A. I. la Princesse Mathilde », publié pour la première fois dans *Le Figaro* (25 février 1903) et signé « Dominique », il inaugure la série des « Salons parisiens », *Essais et articles*, *CSB*, p. 445-455.

18 Proust, dans la préface à sa traduction de *La Bible d'Amiens* de Ruskin, 1904, *op. cit.*, exprime ainsi sa reconnaissance à Charles Ephrussi : « Monsieur Charles Ephrussi, toujours si bon pour moi, qui a facilité toutes mes recherches en mettant à ma disposition la bibliothèque de la Gazette des Beaux-Arts », p. 14.

19 *Vie mondaine, l'influence de Ruskin*, *Essais et articles*, *CSB*, p. 449.

20 Ce long article (en deux parties) deviendra la troisième partie de la préface de *La Bible d'Amiens*. Voir à ce sujet Jérôme Bastianelli, *Dictionnaire Proust-Ruskin*, Paris, Classiques Garnier, « Bibliothèque proustienne », 2017, p. 287-288.

21 Charles Ephrussi possédait en particulier deux tableaux de Manet représentant des asperges. À ce sujet, voir l'article de Kazuyoshi Yoshikawa, « Elstir : ses asperges et son chapeau haut de forme », dans *Proust et ses peintres*, éd. Sophie Bertho, Amsterdam-Atlanta, Rodopi/Brill, 2000, p. 87-94. Voir également le chapitre « Ephrussi » dans Tadié, 1996, *op. cit.*

tableaux de Degas, Sisley, Renoir, Gustave Moreau et Monet, toiles qui joueront un rôle considérable dans la *Recherche*.

Il faut encore nommer le salon de Mme Aubernon qui habite au 25 rue d'Astorg, c'est-à-dire juste en face de l'hôtel Greffuhle, cette « citadelle » où demeure celle dont Proust a longtemps rêvé avant de la connaître, celle dont il écrivait « Je n'ai jamais vu une femme aussi belle[22] » : il s'agit de la comtesse Greffuhle, née Élisabeth de Caraman-Chimay (1860-1952), cousine de Robert de Montesquiou, reine du Tout-Paris et de la Belle Époque, star du *Gaulois*, de l'*Écho de Paris* ou du *Courrier du soir*. Élisabeth – issue d'une dynastie de seigneurs remontant au XIe siècle et du côté de sa mère, une Montesquiou-Fézensac dont on peut retracer les origines jusqu'aux Mérovingiens –, n'est pas seulement l'amie des rois et princes d'Europe, d'une beauté et d'une élégance qui enchantèrent Proust[23] ; La « beauté-reine[24] » est d'abord musicienne, philanthrope, mécène de nombreux compositeurs qu'elle protège, et grande organisatrice d'événements culturels : elle remet Wagner à la mode, elle soutient Gabriel Fauré et de nombreux compositeurs, elle aide Diaghilev à créer les Ballets russes en France[25], et s'intéresse même à la recherche scientifique (Marie Curie). Son salon est le plus brillant de Paris. Proust fut fasciné par ce « bel oiseau d'or[26] », dont le nom serait tombé dans l'oubli si elle n'avait été un modèle pour la princesse et la duchesse de Guermantes. Élisabeth, tout comme son époux – qui servira à composer le brutal duc de Guermantes[27] dans la *Recherche* –, le richissime Henry, tyrannique et volage époux, ne prêtera qu'une attention intermittente à Proust. La comtesse Greffuhle, ne répondra pas à ses missives enflammées et elle oubliera même les différents volumes de la *Recherche* qu'il ne manque pas, jusqu'à sa mort, de lui adresser.

Infatigable, Proust fréquente aussi les galeries : celle de Georges Charpentier (1846-1905), le puissant éditeur de Zola, de Maupassant

22 *Corr.*, t. 1, p. 219.

23 Voir l'ouvrage de Laure Hillerin, très bien documenté : *La Comtesse Greffuhle, à l'ombre des Guermantes*, Flammarion, Paris, 2014. Une première biographie lui avait été également consacrée par son arrière-petite-fille : Anne de Cossé-Brissac, *La Comtesse Greffuhle*, Paris, Perrin, 1991.

24 Voir l'article du *Figaro* du 6 septembre 1903 : « Le Salon de la Princesse Edmond de Polignac. Musique d'aujourd'hui, échos d'autrefois », repris dans *Essais et articles*, *CSB*, p. 468.

25 Voir Serge Lifar, *Serge Diaghilev, his Life, his Work, his Legend*, Londres, Putnam, 1940.

26 « Le Salon de la Princesse Edmond de Polignac », *Essais et articles*, *CSB*, p. 468.

27 « Le duc était mauvais mari, si brutal même, disait-on », *Recherche*, t. II, p. 710.

et des Goncourt, directeur de la revue littéraire et d'art *La Vie moderne* (1879-1883) qui, avec son épouse, Marguerite Charpentier (représentée avec ses enfants par Renoir, dans une toile devenue célèbre) jouera un rôle considérable dans l'essor du mouvement impressionniste. En liaison avec cette revue, existait jusqu'en 1883 une galerie d'art où les représentants de l'impressionnisme pouvaient exposer leurs œuvres : le 7 juin 1880, Claude Monet expose pour la première fois dans les locaux de *La Vie moderne*, située passage des Princes, un espace aujourd'hui disparu. Proust fréquentait aussi la galerie Durand-Ruel qui avait, dès 1883, consacré à Monet une exposition particulière et présenté cinquante-six de ses œuvres. En janvier 1896, Proust y verra la série des cathédrales. En 1898, une grande exposition Monet a lieu à la galerie Georges Petit ; la série des *Matins sur la Seine* y est exposée : une quinzaine de toiles répètent et varient inlassablement un paysage de rivière dans la brume bleutée de l'aube ; l'eau, le ciel et les arbres se confondent, se font écho dans une même lumière. Ces toiles suscitent l'enthousiasme du jeune Proust, et c'est à cette même période, dans un brouillon vraisemblablement destiné à *Jean Santeuil*, connu sous le titre « Un amateur de peinture. – Monet, Sisley, Corot[28] », qu'il évoque l'une de ces toiles appartenant à Charles Ephrussi et que Proust avait d'abord admiré chez lui : *Matinée sur la Seine près Giverny*[29] (1897).

Le jeune Proust, qui a lu avec passion les *Salons* de Diderot et de Baudelaire, n'en est d'ailleurs pas ici à son premier article sur la peinture : les comptes rendus de Salons, publiés à l'âge de dix-neuf ans dans la petite revue littéraire *Le Mensuel* en 1890 et 1891 sont d'ailleurs peut-être les seuls textes d'un Proust se voulant critique d'art[30] ; on y perçoit une vraie sensibilité artistique, une profonde connaissance des maîtres. Le premier compte rendu du *Mensuel* de décembre 1890 s'intitule « Exposition internationale de peinture », sous le pseudonyme « de Brabant » ; il est consacré à l'exposition commune Monet-Rodin qui

28 « Un amateur de peinture. – Monet, Sisley, Corot », *Fragments divers*, *JS*, p. 890-895. Ce texte a été classé à la Bibliothèque nationale dans le volume de manuscrits autographes intitulé *CSB / Articles critiques*, NAF 166636, désigné autrefois comme « Proust 45 ».

29 « Matinée sur la Seine près de Giverny » (1897) ; *cf.* Wildenstein, vol. I, planche 1483.

30 Concernant les écrits sur l'art du jeune Proust, on consultera avec profit l'article de Luzius Keller, « Marcel Proust, une critique d'art en action », dans *Prenez garde à la peinture ! Kunstkritik in Frankreich 1900-1945*, éd. Uwe Fleckner et Thomas W. Gaehtgens, Berlin, Akademie Verlag, 1999, p. 199-226.

avait eu lieu, en juin-août 1899, rue de Sèze à la Galerie Georges Petit. Le second, « Impressions de Salons », porte sur des tableaux exposés dans quatre Salons parisiens et paraît en mai 1891 dans le numéro 8 du *Mensuel* sous le pseudonyme « Fusain ». Proust y commente entre autres Puvis de Chavannes, Boldini, Blanche et Whistler.

Une troisième contribution de Proust à l'art pictural peut être datée précisément du 21 juin 1895 ; elle est plus prestigieuse puisqu'il s'agit du *Gaulois*, quotidien littéraire et politique fondé en 1868, plutôt conservateur, avec une importante chronique mondaine et un tirage élevé. C'est à cette date du 21 juin que *Le Gaulois* publie « Portraits de peintres », sur une seule colonne, qui semble bien modeste à côté de tous ces articles nourris, traitant de politique. Le texte du jeune Proust est introduit de la manière suivante, en orthographiant mal le nom de Reynaldo Hahn : « Nous sommes heureux de donner à nos lecteurs la primeur de vers délicats d'un jeune poète charmant, M. Marcel Proust, dont *Le Gaulois* a déjà publié quelques articles. Ces vers, ont été dits, l'autre jour, chez Mme Madeleine Lemaire, par Mlle Bartet, sur une très agréable musique de Rinaldo Hann (sic) ». Les poèmes intitulés « Portraits de peintres » relève d'un genre bien connu : c'est une *transposition d'art*. Sur le modèle ekphrastique des « Phares » de Baudelaire[31], le jeune Proust « transpose » en poèmes, mélancoliques et riches en correspondances, des tableaux vus au Louvre, des toiles de Cuyp, Potter, Van Dyck et Watteau[32].

C'est toujours en cette année 1895 que Proust rédige son étude sur Chardin[33], dont il a pu voir les tableaux exposés au Louvre, Il s'agit d'un long article (dix pages dans l'édition de la Pléiade), qui s'efforce d'être le plus complet possible : l'ensemble de l'œuvre de Chardin, tableaux et pastels, est présenté en trois parties : d'abord les natures mortes, ensuite les portraits au pastel, enfin les scènes de genre. Ce qui intéresse Proust n'est pourtant pas tant l'histoire de l'art que la philosophie de l'art et la thématique autour du « regard » du peintre qui

31 Charles Baudelaire, *Les Fleurs du mal*, *Œuvres complètes*, tome 1, « Bibliothèque de la Pléiade », 1975, p. 13-14. « Les Phares », sixième poème des *Fleurs du mal*, évoque Rubens, Leonard de Vinci, Rembrandt, Michel-Ange, Watteau, Goya, Delacroix sous la forme de portraits qui sont autant de correspondances entre paysages, couleurs et sensations.

32 « Portraits de peintres » sera repris en 1952 dans *Les Plaisirs et les jours*, *JS*, p. 80-82.

33 Étude restée inédite de son vivant, publiée en 1954 par Bernard de Fallois, et reprise par Clarac en 1971 sous le titre « Chardin et Rembrandt » dans *Essais et articles*, *CSB*, p. 372-382.

fait voir ce que, sans son intermédiaire, nous n'aurions pas vu. Cette thématique – très présente, nous le verrons, chez les Goncourt et bien entendu chez Ruskin –, intéressait déjà Diderot qui, dans son *Salon de 1765*, nomme à plusieurs reprises la manière de Chardin comme étant celle d'un « grand magicien ».

Enfin, c'est toujours sans doute à cette même période de jeunesse, pendant laquelle Proust écrivait *Jean Santeuil* (fin 1895-1899), que furent écrits plusieurs textes[34] consacrés à des peintres qu'il aimait particulièrement. D'ampleur diverse, ils tous été publiés à titre posthume, mais à des dates différentes. J. Theodore Johnson – le premier à s'y être intéressé – les a datés (à partir d'un examen du papier et de l'encre) comme étant de la même période, avant le printemps 1899[35]. Il s'agit, concernant Monet, d'une part, du texte critique « Le Peintre. Ombres. Monet », cité plus haut, et d'autre part de deux autres textes narratifs, brouillons destinés au roman inachevé *Jean Santeuil* (1895-1899) : « Les Monet du marquis de Réveillon[36] » et un texte plus long « Un amateur de peinture. – Monet, Sisley, Corot[37] ».

Des notes sur « Rembrandt[38] », « Watteau[39] », « Notes sur le monde mystérieux de Gustave Moreau[40] » ont aussi été publiées à cette même époque : Proust s'essaie donc à la critique d'art. Le parcours de Proust, allant de la description ekphrastique de tableaux impressionnistes connus, jusqu'à leur quasi effacement dans la *Recherche*, est particulièrement significatif en ce qui concerne la peinture de Monet, qui joue un rôle déterminant dans l'œuvre proustienne. J'y reviendrai longuement dans la suite de cet ouvrage.

Les amitiés nombreuses, liées pendant cette période si riche, nourriront l'œuvre, mais non l'artiste. Des centaines de contacts humains, de rencontres se dégage finalement une immense et pathétique solitude. La vie amoureuse de Proust se ramène, nous dit Jean-Yves Tadié, « aux

34 En 1971, réunis sous « *Notes de date incertaine* » dans *CSB*, p. 675-677 : « Rembrandt » p. 659, « Watteau », p. 665, « Notes sur le monde mystérieux de Gustave Moreau », p. 667, « Le peintre. – Ombres. – Monet », p. 675-677.

35 J. Theodore Johnson, « *Débacle sur Seine* de Claude Monet : source du *Dégel à Briseville* d'Elstir », *Études proustiennes* I, Paris, Gallimard, 1973, p. 170.

36 Fragment publié pour la première fois en 1952, « Les Monet du marquis de Réveillon », *Fragments divers, JS*, p. 895-897.

37 Proust, « Un amateur de peinture. – Monet, Sisley, Corot », *Fragments divers, JS*, p. 890-895.

38 *Essais et articles, CSB*, p. 659-664.

39 *Ibid.*, p. 665.

40 *Ibid.*, p. 667-674.

quelques misères qui ont donné la grandeur de Sodome et Gomorrhe[41] » et confirme ce que le lecteur de la *Recherche* savait déjà : que les contacts mondains sont décevants, que l'amitié est un leurre, que l'amour ne se manifeste que comme souffrance et jalousie. Mille petites circonstances et grands évènements, intimes ou publics, sentimentaux ou sociaux, révèlent un Proust solitaire, assoiffé de l'affection des autres.

La mondanité ne peut cependant être associée ici à l'oisiveté : on l'a vu, le jeune Proust ne cesse de travailler; dès le lycée, il écrit : poèmes, articles, esquisses d'articles, de récits. Avec ses amis, Fernand Gregh, Robert Dreyfus, Daniel Halévy, Robert de Flers, il fonde, en 1892, une revue, *Le Banquet*; en 1896, il publie *Les Plaisirs et Les jours.* Il esquisse un roman autobiographique, *Jean Santeuil*, Les milieux qu'il fréquente fournissent les modèles, parfois les maîtres à penser; ou les deux à la fois, comme dans le cas de Montesquiou dont la personnalité excentrique et l'œuvre protéiforme ont fortement impressionné l'auteur de la *Recherche.* Il faudra aussi s'arrêter dans ce contexte aux Goncourt, dont les idées sur la peinture, notamment sur Chardin, suggèrent certes à Proust de nombreux traits du personnage d'Elstir, mais ils seront surtout, de par leur approche naturaliste du réel, des contre-modèles pour l'auteur de la *Recherche.*

Tout au long de l'apprentissage des hommes se dessine ainsi, en filigrane, l'apprentissage des idées, avec encore des lectures en tous genres qui font la part belle aux ouvrages contemporains de critique et de philosophie de l'art, deux sources étant Carlyle et Emerson[42]. Emerson, que Proust critique plus tard et qui ne figure plus qu'une fois dans la *Recherche*, le confirme cependant, vers 1894, dans son admiration pour Montaigne, dans ses idées, swedenborgiennes, sur le génie. La philosophie allemande, Schelling et Fichte notamment, dont la critique[43] a montré l'importance pour l'esthétique proustienne, parvient en fait à Proust, de manière indirecte, par Carlyle. Carlyle qui lui apprendra encore à aimer l'auteur qu'il a ensuite tant étudié, et même traduit : Ruskin. Ruskin que Proust admire d'abord jusqu'à l'idolâtrie, pour ensuite se démarquer de lui.

Montesquiou, les Goncourt (plus particulièrement Edmond), Ruskin : pour comprendre le traitement de la peinture dans la *Recherche* – qui diffère radicalement des descriptions de tableaux ou *ekphraseis*, de ces

41 Jean-Yves Tadié, 1996, *op. cit.*, p. 9.
42 Jean-Yves Tadié, *ibid.*, a insisté sur ces filiations longtemps négligées, p. 413-420.
43 En particulier, les nombreux travaux d'Anne Henry.

« transpositions d'art », genre privilégié à l'époque –, il faut s'arrêter à ces trois noms, parmi tant d'autres. Ces trois écrivains et penseurs jouent en effet un rôle considérable dans l'élaboration de l'esthétique proustienne : admiration d'abord de la part du jeune Proust, puis, ensuite, distanciation et contre-attaque, même si ce terme est sans doute trop agressif pour un auteur qui abhorrait les prises de position théoriques et préférait ce qu'il nommait « la critique en action », c'est-à-dire faire vivre ses idées, apporter des jugements (sans avoir l'air d'y toucher) à travers ses personnages et à travers son style.

Proust assimilera diversement dans son roman les idées ou la « manière » de ses maîtres : d'une part, sur le plan narratif, et de manière directe, il subtilisera, chez ses célèbres aînés – pour la création de certains personnages – des formulations, des tics de langage et autres éléments d'expression ; la mémoire proustienne les a retenus et retravaillés (c'est pourquoi je n'utiliserai pas les termes, déplaisamment fiduciaires, de « dette » ou « d'emprunt » souvent utilisés par l'exégèse proustienne dès qu'elle repère des liens intertextuels). Ce détournement se fait aussi de manière plus indirecte : on retrouve, en effet, des idées, des attitudes esthétiques, que Proust va soit littéralement assimiler, soit utiliser comme repoussoir pour cette féroce « critique en action » qu'il pratique en particulier dans les pastiches (le pastiche Goncourt du *Temps retrouvé* ou celui qui vise Henry de Régnier) dont il est si friand.

Adorations et désenchantements : la poétique proustienne naît d'une conversion ; elle jaillit de l'abandon des maîtres d'autrefois et du dépassement progressif des fascinations de la jeunesse : hommes, femmes, amitiés, amours démystifiés, mais aussi de ces univers – le Faubourg Saint-Germain ou les salons artistes – qui furent, un temps, enchantés. René Girard saisit très exactement, en une belle formule, la condition et la naissance d'une telle poétique lorsqu'il dit que le romancier qui révèle le snobisme « ne peut pas être snob mais il faut qu'il l'ait été. Il faut qu'il ait désiré et qu'il ne désire plus[44] ». La *Recherche* s'inscrit en quelque sorte dans cette transcendance magnifiquement réussie par Proust de sa propre mondanité et de ses adorations d'antan[45].

---

44 René Girard, *Mensonge romantique et vérité romanesque*, « Le livre de poche », Paris, Grasset, 1961, p. 248.

45 Je reprends dans les pages qui suivent, en le développant, mon article intitulé « Ruskin contre Sainte-Beuve : le tableau dans l'esthétique proustienne », *Littérature* 103, Paris, ©Armand Colin, 1996, p. 94-112.

MONTESQUIOU ET LES MÉTISSAGES

C'est en mars 1893, lors de l'un des fameux mardis de Mme Lemaire, peintre de roses crémeuses, que le « petit Marcel » est présenté au comte Robert de Montesquiou-Fezensac. Proust a vingt-deux ans, Montesquiou en a trente-sept. Le Tout-Paris assiste à un récital de poèmes issus de son premier recueil, *Les Chauves-Souris*. Esthète, tout à la fois poète, peintre et critique d'art, féru de décoration intérieure, Montesquiou, qui entre autres extravagances, fit incruster des turquoises dans la carapace de sa tortue, aurait inspiré à Huysmans son personnage de des Esseintes ; Proust, fasciné par la cruauté et la perfidie du comte – ce « cobra cambré[46] » – envers ses amis et proches, en fera le modèle principal du baron de Charlus[47].

Le jeune Proust fut-il séduit par la fascinante personnalité du poète ? Ou bien voit-il en Montesquiou celui qui lui permettra de s'approcher de la comtesse Greffuhle, cousine de Montesquiou et futur modèle de la princesse de Guermantes ? La première lettre de Proust au comte se termine par « votre très respectueux fervent et charmé, Marcel Proust[48] ». Des louanges dithyrambiques suivront, comme dans ce pastiche imitant le style de Saint-Simon, *Fête chez Montesquiou à Neuilly* que Proust publie dans *Le Figaro* du 18 janvier 1904 sous le pseudonyme d'Horatio[49]. Montesquiou, que ce portrait ravira – il le fait éditer à cinquante exemplaires sur papier hollande – y apparaît en gentilhomme de la cour de Louis XIV, avec cette célèbre posture, immortalisée par Whistler ou par Boldini : « [...] l'homme le plus d'esprit que j'aie connu, avec un air de prince comme à pas un, la figure la plus noble, tantôt fort souriante et tantôt fort grave, à quarante ans la tournure d'un homme de vingt, le corps élancé, ce n'est pas assez dire, cambré et comme renversé en arrière[50] ».

46 Voir les mémoires de Céleste Albaret, *Monsieur Proust*, *op. cit.*, p. 308.

47 *Ibid.*, voir le chapitre XXI, p. 303-315.

48 *Corr.*, t. I, p. 205.

49 « Fête chez Montesquiou à Neuilly (*Extraits des* Mémoires *du duc de Saint Simon*) », *Pastiches et mélanges*, *CSB*, p. 710-711.

50 *Ibid.*, p. 710.

C'est surtout cet aspect mondain que la critique[51] a gardé du rapport de Proust avec celui qu'il appela, ce qui est bien plus qu'un éloge mondain, « un professeur de beauté ». On ne devrait pourtant pas sous-estimer le rôle essentiel que joue Montesquiou dans l'initiation de Proust à la peinture ; Montesquiou lui fait partager ses admirations pour les grands maîtres flamands d'autrefois, pour Vermeer, pour Watteau, mais aussi pour les contemporains, lui faisant découvrir ou rencontrer Moreau, Degas, Whistler, Helleu, Gallé, ou encore Blanche, qui fera le célèbre portrait noir et blanc de Proust.

Enfin, il faut mettre en avant – et dans notre perspective, c'est l'aspect le plus important des rapports entre les deux hommes –, la contribution de Montesquiou à la formation de l'esthétique proustienne. À cet effet, il convient de lire ou de relire « Un professeur de beauté[52] », article paru en 1905. Les louanges, là encore, il est vrai, peuvent sembler excessives : Montesquiou est comparé à Ruskin, jugé supérieur à Fromentin qui, dit Proust, est trop abstrait et ne sait pas « nous faire voir un tableau[53] », supérieur aux Goncourt dont le style, par contre, montre des « empâtements[54] ». Pourtant, qu'on ne s'y trompe pas, les motifs de l'admiration de Proust pour Montesquiou sont trop proches, nous le verrons, de ce qui prévaudra pour Proust en matière d'esthétique pour n'être que flagorneries. Cette admiration perdurera : fin juin 1921, peu de temps avant sa mort, Proust adresse une lettre à l'écrivain Jacques Boulenger, lui demandant de soutenir Montesquiou à la « triste vieillesse », et ceci en sollicitant auprès de ce dernier des « essais sur des artistes » :

> Je voudrais, si fatigué que je me trouve, vous demander quelque chose, non pour moi bien entendu, mais pour quelqu'un que je ne vois plus (ne lui dites pas que je vois quelquefois des gens) depuis des années [...]. C'est Robert de Montesquiou. On épaissit autour de sa vieillesse (démunie, de plus, d'argent,

51 Comme le souligne Antoine Bertrand, dans sa remarquable étude sur Montesquiou, la critique semble avoir voulu « exalter davantage encore le génie de Proust, elle présente en effet le gentilhomme comme un personnage pittoresque mais creux et plutôt insignifiant » : *Les Curiosités esthétiques de Robert de Montesquiou*, Genève, Droz, 1996, t. II, p. 745-746.

52 Je me réfère ici à l'étude monographique que Proust consacre à Montesquiou : « Un professeur de beauté », publiée initialement le 15 août 1905 dans *Les Arts de la vie*, puis insérée par Montesquiou en appendice de son *Altesses sérénissimes*, Paris, Felix Juven, 1907. Cette étude a été reproduite dans *Essais et articles*, *CSB*, p. 506-520.

53 « Un professeur de beauté », *Essais et articles, CSB*, p. 518.

54 *Id.*

> je crois) le plus injuste des silences, car c'est un critique d'art, un essayiste merveilleux, qui peint comme personne, en prose, l'œuvre d'un peintre, d'un sculpteur qu'il aime. Or pensez à ceci [...] : j'ai connu à dix-huit ans, étant encore petit jeune homme sous la férule de ses parents, et n'ayant écrit que Les Plaisirs et les jours (bien mieux écrits, il est vrai, que Swann) Robert de Montesquiou qui se croyait parti pour la gloire[55] [...]

Peu d'artistes (un mot qu'il aimait) de l'envergure du comte de Montesquiou auront réuni sur leur nom autant de préjugés. Lorsque Painter, dans sa biographie de Proust, parue en 1959, consacre pour la première fois dans un ouvrage universitaire de nombreuses pages à Robert de Montesquiou, c'est pour caricaturer le personnage déjà très controversé en son temps qu'est l'auteur des *Hortensias bleus* : « pseudo-poète », « monstre de vanité », « excentrique ». Avec pour finir ce verdict qui prévaudra longtemps chez la critique, peu intéressée par cet esthète de la Belle Époque : « Tout compte fait, Montesquiou était un homme creux[56] ».

La biographie de Proust par Tadié corrige la vision de Painter, mais il aura fallu l'ouvrage d'Antoine Bertrand, qui aborde tous les domaines dans lesquels Montesquiou fut un artiste, pour réhabiliter un homme « attaqué dans son œuvre et sa personne[57] ». Érudit nourri des littératures classiques, grand collectionneur, Montesquiou hésitera entre peinture et littérature, dans le sillage de Théophile Gautier et des Goncourt qui voulurent d'abord être peintres. De là aussi, comme le montre Antoine Bertrand, les dangers de la dispersion qui font planer sur Montesquiou le péché de dilettantisme ; en effet, il multiplie les œuvres sans pouvoir les réunir en une œuvre : « Montesquiou c'est le Minotaure qui a avalé le labyrinthe[58] », disait méchamment Cocteau, qui fut d'ailleurs lui-même auteur d'une œuvre multiple et cible du mépris de ses pairs.

---

55 Lettre publiée dans *Corr.*, t. XX, p. 370.

56 George D. Painter, *Marcel Proust, 1871-1903 : les années de jeunesse*, t. 1, Paris, Mercure de France, 1966, p. 183.

57 Antoine Bertrand, *Les Curiosités esthétiques de Robert de Montesquiou*, t. 1, Genève, Droz, 1996, p. 10. Antoine Bertrand souligne que la critique, pour « exalter davantage encore le génie de Proust [...] présente le gentilhomme comme un personnage pittoresque mais creux et plutôt insignifiant », t. II, *op. cit.*, p. 745-746 ; on lira avec profit l'étude de la correspondance de Proust avec Montesquiou par Ursula Link-Heer, « Sic transit gloria mundi. Marcel und Robert de Montesquiou / Marcel Proust et Robert de Montesquiou » dans *Cher ami... Votre Marcel Proust*, *op. cit.*, p. 141-157.

58 Mot cité par Antoine Bertrand, *op. cit.*, p. 44.

SCÈNES ET STYLES

Montesquiou est fasciné par les différentes formes d'expression artistiques et les domaines dans lesquels il exerce son goût pour « le beau », selon la formule consacrée de l'époque, sont innombrables : art décoratif, sculpture, poésie, critique d'art, musique, cinéma, art des jardins et des fêtes, comme celle somptueuse où se retrouve le Tout-Paris de l'aristocratie et des arts et qu'il organise dans son pavillon de Versailles le 30 mai 1894. Proust en fera l'éloge le lendemain dans le *Bloc-notes parisien* du *Gaulois*, énumérant les prestigieux invités et s'attardant sur les détails de la toilette des dames et des invités de l'aristocratie européenne : la comtesse Greffuhle « délicieusement habillée : la robe est de soie lilas rosé, semée d'orchidées, et recouverte de mousseline de soie de même nuance », ou « le duc de Luynes, la comtesse Aimery de La Rochefoucauld, crêpe de chine héliotrope avec ruche noir, chapeau héliotrope[59] ». Charles Ephrussi est présent et « Madeleine Lemaire, bengaline prune, blouse pompadour, chapeau mauve[60] ». À cette époque, l'aristocratie aime s'entourer d'artistes : Proust nomme des peintres, Béraud, Boldini, Helleu, et des écrivains comme José-Maria de Hérédia ou Henri de Régnier, dont le jeune Proust imitera le style dans un ironique pastiche[61].

L'éclectisme extraordinaire de Montesquiou en ferait aujourd'hui, à notre époque des métissages, un artiste véritablement contemporain. On retiendra Montesquiou décorateur, créateur d'espaces assemblés selon d'invisibles harmonies et décorés en totale divergence avec le style art nouveau qui triomphait alors. Montesquiou méprise les représentants d'un style exclusif, il leur préfère les « juxtapositions » – les couches successives, dira plus tard Proust –, comme celles que présente la basilique Saint-Marc, dont la construction et l'ornementation se firent sur plusieurs siècles, de 828 au XIXe siècle.

Montesquiou décorateur partage avec les Goncourt et Henri de Régnier la passion du bibelot qui règne à l'époque de Proust. Car, ne l'oublions pas, cette période qui voit la montée triomphante des arts

---

59 « Une fête littéraire à Versailles », *Essais et articles*, *CSB*, p. 360. Publié initialement par *Le Gaulois*, 31 mai 1894, sous la signature *Tout-Paris*.

60 *Ibid.*, p. 361.

61 Sous le titre « Par Henri de Régnier », *Pastiches et mélanges*, *CSB*, p. 21-23.

décoratifs fut marquée par les débats sur la hiérarchie des arts, et par les théories de Ruskin et de William Morris qui prônent un retour à l'artisanat. C'est aussi le triomphe du Japonisme et de l'Art nouveau[62]. Les appartements de Montesquiou sont encombrés d'objets divers et d'époques diverses – entre autres trésors, une peinture de Boldoni représentant les jambes de Gabriel d'Yturri, son secrétaire et ami, ou bien un moulage en plâtre des genoux de la comtesse de Castiglione, sans doute la première à pratiquer le « selfie[63] », à qui il voue son adoration et consacre une biographie, *La Divine Comtesse* (1913). Mais l'éclectisme cache en fait une très précise volonté d'harmonie : pour Montesquiou, tout doit obéir à des correspondances, des agencements secrets – qui s'inspirent de ces lois baudelairiennes que chérira Proust –, ce qui l'amène à refuser toute discrimination des genres et mettre à égalité poésie et robes de Worth, le couturier qui habillait les élégantes de l'époque. La prédilection pour l'éphémère de celui qui écrivait « Je suis le souverain des choses transitoires », vers tiré de son recueil *Les Chauves-souris*[64] et qui orne la photographie qu'il offre à Proust[65] en 1893, mais aussi son obsession du « métissage », l'éloignent des canons du XIXe et annonce les expérimentations avant-gardistes.

Robert de Montesquiou a laissé une œuvre littéraire d'une variété impressionnante. Pourtant, c'est seul son goût pour les objets esthétiques qui lui vaudra l'admiration de ses contemporains. Le milieu aristocratique de Montesquiou n'aime pas son œuvre littéraire, et sans doute, comme le comte Greffuhle, il préfère la chasse à la lecture… Proust ne pouvait bien entendu qu'être touché par ce côté « paria » de l'auteur

---

62 Voir à ce sujet l'intéressant ouvrage collectif *Marcel Proust et les arts décoratifs – Poétique, matérialité, histoire*, éd. Boris Roman-Gibhardt et Julie Ramos, Paris, Classiques Garnier, « Bibliothèque proustienne », 2013.

63 La comtesse de Castiglione, qui fut la maîtresse de Napoléon III, se photographiait dans ses propres mises en scène. Montesquiou avait rassemblé 275 photographies de la Castiglione qui sont aujourd'hui la propriété du *Metropolitan Museum of Art*. Voir le catalogue de l'exposition qui eut lieu au Musée d'Orsay en 1999 : *La Comtesse de Castiglione par elle-même*, Paris, Musée d'Orsay et Réunion des musées nationaux, 1999.

64 *Les Chauves-souris*, Paris, Georges Richard, 1892 ; rééd. 1907.

65 « J'ai devant moi en écrivant, une photographie de M. de Montesquiou qui a gardé la beauté parfaite, la noblesse pensive de sa figure. Sur cette tête aux cheveux légèrement bouclés comme celles des statues grecques qui ont ce même charme léger et charmant, on voudrait voir "le divin laurier des âmes exilées" », écrit Proust dans son article consacré à Robert de Montesquiou, « Le Souverain des choses transitoires », *Essais et articles*, *CSB*, p. 409.

des *Hortensias bleus* qui appartenait d'ailleurs, lui aussi, à la confrérie des « invertis ». En lutte constante contre les préjugés de son époque, Proust a certainement aimé que Montesquiou soit aux antipodes de l'académisme institutionnalisé d'un Sainte-Beuve ; en témoigne cette note datant de 1894[66] où il défend ardemment Robert de Montesquiou, et attaquent ceux qui réussirent (Sainte-Beuve est visé) « à créer autour de la réalité géniale de Baudelaire une obscurcissante légende qui n'est pas dissipée aujourd'hui encore (M. Robert de Montesquiou est en train d'être victime d'une légende identique)[67] ».

UN PROFESSEUR DE BEAUTÉ

Pourtant, comme en témoigne superbement *Un professeur de beauté*[68] – cet article trop peu souvent cité –, les vrais motifs de l'admiration de Proust pour l'auteur des *Chauves-Souris*, résumée en deux mots, « voir et savoir[69] », doivent être cherchés ailleurs : dans la perception du réel et dans l'ordre du langage.

Le savoir de Montesquiou est de l'ordre des mots. Montesquiou sait nommer les choses, il connaît, comme Ruskin, « la généalogie et l'armorial des mots ». Il sait saisir un mot comme un « thème à mille étincelantes variations, improvisées avec une richesse qui étonne l'imagination et déconcerte les efforts de la mémoire pour les retenir[70] […] ». Ce qui fascine Proust chez Montesquiou, au-delà de sa diction extravagante, c'est cette attention extraordinaire à la langue, une parfaite connaissance des mots techniques ou rares. « Il n'y a pas une phrase qui ne serait à citer[71] », écrit Proust, qui propose à titre d'exemple la description (entre guillemets, et soulignée par Proust) que fait Montesquiou de panneaux peints par Helleu, représentant des hortensias :

> Quand on est avec cela un étonnant écrivain on arrive à égaler l'œuvre que l'on décrit : « Peintures et pastels, je possède sept panneaux d'hortensias

66 *Ibid.*, p. 405-409.

67 *Ibid.*, p. 407.

68 « Un professeur de beauté », *Essais et articles, CSB*, p. 506-520. Selon l'édition de la Pléiade, l'étude monographique que Proust consacre à Montesquiou est d'abord publiée le 15 août 1905, dans la revue *Les Arts de la vie*, puis reprise par Montesquiou en appendice de son *Altesses sérénissimes*, Paris, Félix Juven, 1907.

69 « Un professeur de beauté », *Essais et articles, CSB*, p. 514.

70 *Ibid.* p. 507-508.

71 *Ibid.*, p. 516.

jardinés par Helleu, et dont les corymbes glauques ou blondissant *mirent en des plateaux d'argent comme des bouquets de turquoises mortes*[72] ».

Proust, romancier de la *Recherche*, s'éloignera de la « transposition d'art » que pratique ici Montesquiou, un genre qui convient mal à la modernité et l'inventivité proustienne, mais en 1905, le jeune Proust est encore admiratif : « Ce qu'il y a de plus délicieux, de plus insaisissable et de plus indescriptible, semble-t-il, dans l'art du peintre est ici égalé[73] ».

Le mot est affaibli par l'habitude, l'emploi banal qui en est fait ; Montesquiou lui redonne une profondeur étymologique – démarche qui n'est d'ailleurs pas sans analogie avec celle de Mallarmé entendant « donner un sens plus pur aux mots de la tribu ». Le projet romanesque de Proust retiendra plus tard ces leçons : la « profondeur » du mot – il faut comprendre ici les associations et émotions transportées par les mots –, sera éclairée, non plus tant par les déplacements de sens offerts par l'étymologie, que par ceux qui jaillissent de la métaphore.

Deuxième point : voir. Montesquiou, écrit Proust, partage avec Ruskin « ce don (qui) consiste d'abord à voir distinctement là où les autres ne voient qu'indistinctement[74] » ; et Proust lui attribue la possession de « merveilleux télescopes spirituels[75] ». Or, sous la plume de Proust, littéralement obsédé par les illusions et les instruments optiques, qui formeront plus tard les grandes métaphores philosophiques de la *Recherche*, le mot « voir » n'a rien d'anodin ; le télescope est l'attribut sacré du peintre et de l'écrivain découvrant et révélant la beauté cachée dans les choses les plus anodines, dans les êtres les plus insignifiants. Proust est profondément fasciné par le Montesquiou « conversationniste », par la manière dont celui-ci, dans la vie quotidienne, voit et fait voir ; de façon très baudelairienne[76], il transfigure le réel le plus plat en tissant des

---

72 *Id.* Souligné par Proust. Robert de Montesquiou est, entre autres, l'auteur d'ouvrages de critique d'art, en particulier celui d'une monographie intitulée *Paul Helleu, peintre et graveur*, Paris, H. Floury éditeur, 1913.

73 *Id.*

74 *Ibid.*, p. 514.

75 *Ibid.*, p. 513.

76 Baudelaire, on le sait, définit l'imagination comme « une faculté quasi divine qui perçoit tout d'abord, en dehors des méthodes philosophiques, les rapports intimes et secrets des choses, les correspondances et les analogies », *Notes nouvelles sur Edgar Poe*, dans Charles Baudelaire, *Œuvres complètes*, Paris, Gallimard, coll. « Bibliothèque de la Pléiade », 1976, t. II, p. 329. Sur la lecture de Baudelaire par Proust, on lira avec profit dans l'ouvrage

concordances, en convoquant tout un réseau de références littéraires qui entraînent ses auditeurs vers d'autres univers : un banal dîner mondain se transforme, grâce à lui, en fête de l'esprit. Proust nomme quelques exemples de ce « transfert » dont il n'oubliera pas la leçon :

> On apporte des poires. « Ce sont des poires bon chrétien, dit M. de Montesquiou, celles que M. Thibaudier envoie à Madame D'Escarbagnas et qu'elle prend en disant : "Voilà du bon chrétien qui est fort beau". » Le maître de maison entre, en un pantalon gris que M. de Montesquiou déclare balzacien. Vous hasardez : « celui de Lucien de Rubempré. – En aucune façon, proteste M. de Montesquiou, celui de Pierre Grassou qui était "avantageux", ou plutôt celui de Sixte du Chatelet qui était prétentieusement provincial[77] ».

Cette manière de parler que Proust cite avec admiration, préfigure la technique littéraire de l'auteur de la *Recherche*, chez qui l'objet sera toujours décrit dans son rapport avec un autre : un objet réel, physique, dans son rapport avec un objet fictif, artistique, ceci ayant pour effet l'élargissement et l'approfondissement du monde désigné au départ.

Par ailleurs, Proust est bien conscient du caractère terriblement snob ou même du ridicule achevé que peut prendre « la conversation Montesquiou » saisie au premier degré. Et l'on ne s'étonnera guère qu'il plaque grossièrement (ou très finement si l'on préfère) sur de nombreux personnages (les pseudo-poètes, les snobs) la manière de l'auteur des *Hortensias bleus*. On pensera ici, entre autres exemples, à une scène qui se passe à Balbec et où le Narrateur – il est encore jeune et ignorant – afin d'impressionner la compagnie si « artiste » des Cambremer, évoque Monet, en faisant du Legrandin, c'est-à-dire du (sous-) Montesquiou : « Je me mis instinctivement à parler à Mme de Cambremer, née Legrandin, de la façon qu'eût pu faire son frère. "Elles ont, dis-je, en parlant des mouettes, une immobilité et une blancheur de nymphéas"[78] ».

Enfin, troisième point, on ne peut plus important pour Proust, qui tient en piètre estime l'originalité de la forme pour elle-même[79] et

---

de Luc Fraisse, *La Petite musique du style, Proust et ses sources littéraires*, Paris, Classiques Garnier, « Bibliothèque proustienne », 2011, le chapitre intitulé « Commenter en écrivain *Les Fleurs du mal* », p. 291-306.

77 « Un professeur de beauté », *Essais et articles*, *CSB*, p. 514.

78 *Recherche*, t. III, p. 203.

79 À l'enquête organisée par *La Renaissance politique, littéraire, artistique* : « Sommes-nous en présence d'un renouvellement du style ? », Proust répondra quelques mois avant sa mort de la façon suivante (*La Renaissance* du 22 juillet 1922) : « je ne "donne nullement

qui va concevoir la *Recherche* comme une démonstration aboutissant à l'apothéose de l'Art (un univers remodelé par l'impression, pour échapper au monde du dehors, et à la finitude des choses), Montesquiou est un vrai philosophe :

> Cet esprit qui excelle à fixer le reflet d'une nuance et la singularité d'un contour ne se plaît pourtant à cela que de passage et dans la mesure où cela est utile à ce qu'il prétend prouver. Car il est avant tout philosophique et il n'a pas écrit une page qui ne soit mouvementée et émouvante, d'être en marche vers une démonstration[80].

Savoir la langue et l'attaquer, s'emparer de l'univers des mots, voir et faire voir en instituant un système de correspondances entre le réel et l'art, écrire pour démontrer, pas pour raconter, la *laudatio* de Proust envers Montesquiou est programmatique. Quatre ans plus tard, Proust pose dans le *Contre Sainte-Beuve* les bases de ce qui sera, dit-il, un livre « dogmatique » : il se fait lui-même « professeur de beauté ». Et, contrairement à Montesquiou, il part vers la gloire !

LE GOÛT DES GONCOURT

Tout comme avec Montesquiou, Proust entretint avec les Goncourt une relation ambiguë : le jeune Proust admire au départ les Goncourt critiques d'art, leur passion pour des peintres comme Chardin ou Vermeer, dont on sait l'importance dans la *Recherche* ; les Goncourt, à l'instar de Montesquiou, sont des professeurs de goût. Plus tard, cependant, l'auteur de la *Recherche* ne cessera de contrer cette « vraie vie » qu'ils entendent inscrire dans leurs romans et le fameux *Journal*[81]. Bref, les célèbres frères furent, comme le fut Montesquiou, tout à la fois, idoles

ma sympathie" (pour reprendre les termes mêmes de votre enquête) à des écrivains qui seraient "préoccupés d'une originalité de forme". On doit être préoccupé uniquement de l'impression ou de l'idée à traduire. »

80 « Un professeur de beauté », *Essais et articles*, *CSB*, p. 518.

81 Proust a été un lecteur assidu du *Journal* dans l'édition parue à la fin du XIXe siècle : Edmond et Jules de Goncourt, *Journal. Mémoires de la vie littéraire*, Paris, Georges Charpentier et Eugène Fasquelle, 9 vol., 1887-1896.

et repoussoirs. Leur rôle dans l'élaboration de l'esthétique proustienne est cependant incontestable.

On a oublié aujourd'hui des romans comme *Germinie Lacerteux* (1865) ou *Renée Mauperin* (1864), œuvres, à l'époque célèbres, de Edmond et Jules de Goncourt et où se manifestent, bien avant Zola, trois caractères du naturalisme : le reportage et la note prise *in situ* remplacent la psychologie, le milieu populaire devient le lieu de l'intrigue, et enfin domine dans ces récits la prétention scientifique. Célèbres, les frères le furent plus particulièrement par leur style, qu'on appela, suivant leur propre formulation, l'« écriture artiste » ; il s'agit d'un style maniéré, alambiqué, avec des mots rares, des néologismes inventés par eux, l'importance accordée à l'observation du détail y est centrale[82].

Les références aux Goncourt apparaissent directement dans l'œuvre de Proust sous la forme de deux pastiches[83] qui ont pour base non pas la critique d'art, mais le *Journal* qui, en tant que document sociologique et historique, passionnait Proust. Ces pastiches imitent à merveille le style « artiste ». Ce sera pour le ridiculiser ! Au microscope des Goncourt, collant au plus près des objets et des hommes, Proust oppose son « télescope » qui ouvre largement sur des mondes inconnus. Car dans l'esthétisme forcené des Goncourt, fondé sur des références constantes à l'art et à la beauté, Proust ne perçoit que trop bien la tentation de l'idolâtrie, immense péché selon lui, que Swann incarnera à travers sa passion pour Odette-Zéphora[84].

82 Voir ici l'intéressante étude de Anna Lushenkova Foscolo, « Figures littéraires singulières de la fin de siècle français et de l'âge d'argent russe », dans *Écrire en artistes, des Goncourt à Proust*, éd. Pierre-Jean Dufief et Gabrielle Melison-Hirchwald, Paris, Honoré Champion, 2016, p. 205. Dans ce même recueil, concernant Proust et les Goncourt, voir Luc Fraisse, « *Du côté de chez Swann* daté par sa prose d'art ? Le morceau sur les clochers de Martinville », p. 193-202.

83 Le premier pastiche concerne l'affaire Lemoine, il s'intitule « Dans le *Journal* des Goncourt » et paraît dès 1908 dans *Le Figaro* du 22 février 1908. Ce texte fait partie de la série des neuf pastiches réalisés par Proust autour de l'affaire Lemoine : voir *Pastiches et mélanges*, *CSB*, p. 24-27. Le second pastiche s'insère dans *Le Temps retrouvé* sous la forme de quelques pages issues d'un pseudo-volume inédit du *Journal* que Gilberte prête à Marcel : voir *Recherche*, IV, p. 287-295. On consultera pour cette chronologie l'article de Jean Milly, « Le Pastiche Goncourt dans *Le Temps retrouvé* », *Revue d'histoire littéraire de la France* 5-6 (1971), p. 815-835.

84 Voir à ce propos le commentaire d'Antoine Compagnon, *Proust entre deux siècles*, Paris, Seuil, 1989, p. 40.

LA LEÇON DE CHARDIN

Mais en quoi consiste alors l'admiration de Proust pour les frères Goncourt ? Elle s'adresse essentiellement aux critiques d'art, aux auteurs du fameux ouvrage intitulé *L'Art du XVIIIe siècle*, paru entre 1859 et 1875. Monsieur de Goncourt est, dit Proust, « le plus grand artiste qui a dérobé à Watteau pour le peindre, les secrets les plus merveilleux de sa peinture[85] ». L'esthétique des Goncourt – esthétique de la sensation, opposée à ce qui relève de la « théorie », d'une « idée » abstraite de la beauté–, leurs admirations artistiques (Rembrandt, Moreau, Turner, Watteau, Chardin) et les raisons de ces préférences[86] (jeux de lumière, travail systématique sur le reflet) seront déterminantes pour la doctrine proustienne de l'art et pour sa conception du style.

Ressusciter les impressions, établir un rapport entre l'impression, le réel mais aussi le style, constitue l'ambition majeure des frères Goncourt. Ce sera également celle de Proust, à cette radicale différence : là où les Goncourt font triompher l'objet, Proust dépasse celui-ci et place le sujet de la perception au centre de son roman. La marque des Goncourt sur la poétique proustienne se mesure très précisément à l'aune d'une étude sur Chardin : en novembre 1895, Proust aurait écrit une lettre au directeur de la *Revue hebdomadaire*, Pierre Mainguet, pour lui proposer une étude, connue aujourd'hui sous le titre « Chardin et Rembrandt[87] » : « Je viens d'écrire une petite étude de philosophie de l'art, si le terme n'est pas trop prétentieux, où j'essaie de montrer comment les grands peintres nous initient à la connaissance et à l'amour du monde extérieur[88] »,

---

85 « Watteau », *Essais et articles*, *CSB*, p. 666.

86 On retiendra des Goncourt critiques d'art cette extraordinaire description de l'art de Chardin ; elle pourrait être celle de Proust au sujet de l'art d'Elstir : « Chardin ose comme la nature même, les couleurs les plus contraires. Et cela sans les mêler, sans les fondre : il les pose à côté l'une de l'autre, il les oppose dans leur franchise [...]. Mais s'il ne mêle pas ses couleurs, il les lie, les assemble, les corrige, les caresse par un travail systématique de reflets [...]. À bien regarder il y a du rouge dans ce verre d'eau, du rouge dans ce tablier bleu, du bleu dans ce linge blanc. C'est de là, de ces rappels, de ces échos continus, que se lève à distance l'harmonie de tout ce qu'il peint, non la misérable harmonie misérablement tirée de la fonte des tons, mais cette grande harmonie des consonances qui ne coule que de la main des maîtres », Edmond et Jules de Goncourt, *L'Art du XVIIIe siècle*, présentation par Jean-Paul Bouillon, Paris, Hermann, 1967, p. 93.

87 « Chardin et Rembrandt », *Essais et articles*, *CSB*, p. 372-382.

88 Voir dans « Chardin et Rembrandt », *Essais et articles*, *CSB*, la note 1, p. 885, qui reproduit cette lettre. – Edmond et Jules de Goncourt, *L'Art du XVIIIe siècle*, *op. cit.*, p. 81.

Curieusement, l'essai sur Chardin, très élaboré, tout autant commentaire sur l'œuvre peint de Chardin et Rembrandt que réflexion sur la portée philosophique de l'*Œuvre* d'art, ne sera, semble-t-il, jamais envoyé, ni même achevé. Il est pourtant capital car il annonce le personnage d'Elstir, le peintre fictif de la *Recherche* et son rôle de médiateur par rapport au réel.

Le jeune Proust se trouvait-il peut-être trop peu original ? Il reprend en effet fidèlement les idées des Goncourt qui insistent sur la miraculeuse métamorphose du réel opéré par l'art de Chardin. Que disent les Goncourt à ce sujet ? « Et jamais peut-être l'enchantement de la peinture matérielle, touchant aux choses sans intérêt, les transfigurant par la magie du réel, ne fut poussé plus loin que chez lui[89] ». Et, écrit Proust, ceci encore :

> C'est là le miracle des choses que peint Chardin : modelées dans la masse et l'entour de leurs contours, dessinées avec leur lumière, faites pour ainsi dire de l'âme de leur couleur, elles semblent se détacher de la toile et s'animer par je ne sais quelle merveilleuse opération d'optique[90].

« Opération d'optique » ! Elstir et son *Port de Carquethuit* (qui inverse terre et mer) sont déjà dans cette formule des Goncourt qui, sous la plume de Proust, deviendra métaphore de l'art pictural. Les Goncourt mettent le jeune Proust sur la voie d'une expérience perceptive différente en insistant sur ce renversement des valeurs propre aux impressionnistes : le regard du peintre, tout intérieur, se défait des critères obligés de ce qui est beau ou laid, et triomphe par rapport au visible ; Chardin choisit de peindre une banale raie, une côtelette saignante ; Elstir, le peintre de la *Recherche*, prend comme sujet un hôpital, une botte d'asperges… pour, en les réinventant par un certain « style », révéler leur beauté. Car la perception du réel par l'artiste, qu'il soit peintre ou écrivain, ne peut, nous dit Proust, être séparé du style, défini selon une formule devenue célèbre, comme « une question non de technique mais de vision[91] », en écho à la fameuse affirmation de Flaubert : le style est « la manière absolue de voir les choses[92] ».

---

89 *Id.*

90 *Ibid.*, p. 84-85.

91 *Recherche*, t. IV, p. 474.

92 Gustave Flaubert, « Lettre à Louise Colet du 16 janvier 1852 » dans *Extraits de la Correspondance ou Préface à la vie d'écrivain*, Paris, Seuil, 1963, p. 63 ; cité par Anna Lushenkova Foscolo, *op. cit.*, p. 207. Pour Proust et Flaubert, voir le bel essai de Mireille Naturel, *Proust et Flaubert. Un secret d'écriture*, Amsterdam-Atlanta, Rodopi/Brill, 1999.

L'étude du jeune Proust sur Chardin est centrée sur cette « opération d'optique » chère aux Goncourt. C'est aussi le pouvoir thérapeutique du peintre qui est mis en avant : en nous confrontant à sa perception très personnelle de la réalité quotidienne, Chardin nous réconcilie avec elle, au lieu de nous emmener vers un ailleurs idéal et romantique, somme toute très conventionnel. Proust met en scène un jeune homme qui trouve insipide et mesquin le décor dans lequel il vit :

> Prenez un jeune homme de fortune modeste, de goûts artistes, assis dans la salle à manger au moment banal et triste où on vient de finir de déjeuner et où la table n'est pas encore complètement desservie. L'imagination pleine de la gloire des musées, des cathédrales, de la mer, des montagnes, c'est avec malaise et avec ennui, avec une sensation proche de l'écœurement, un sentiment voisin du spleen, qu'il voit un dernier couteau traîner sur la nappe à demi relevée qui pend jusqu'à terre, à côté d'un reste de côtelette saignante et fade[93].

Il suffirait pourtant à ce jeune homme, écrit Proust – qui lui-même arpentait inlassablement le Louvre entre ses quinze et vingt-cinq ans – de s'arrêter devant les Chardin pour comprendre que le monde familier, le monde d'ici, est beau à voir parce qu'il est beau à peindre. Le jeune homme découvrira la beauté dans ce qu'il croyait être la laideur : « Dans (ces) chambres où vous ne voyez rien que l'image de la banalité des autres et le reflet de votre ennui, Chardin entre comme la lumière, donnant à chaque chose sa couleur[94] ». Chardin va à l'encontre des clichés romantiques, trop présents chez ce jeune homme, qui rêve de lumière hollandaise ou italienne, de ports, de palais, de princes.

La nouveauté de Chardin, c'est de métamorphoser les objets du quotidien, de transformer une raie, simple poisson, en une « nef de cathédrale polychrome », métamorphose du réel dans et par l'art qui, pour Proust, implique encore le Temps ; marquée du sceau des Goncourt, l'étude sur Chardin, qui date de 1895, annonce bien avant les révélations du *Temps retrouvé*, que l'art par la « transsubstantiation » qu'il accomplit, est l'éternisation d'un moment, d'une fugitivité :

> Le plaisir que vous donne sa peinture d'une chambre où l'on coud, d'un office, d'une cuisine, d'un buffet, c'est, saisi au passage, dégagé de l'instant,

93 « Chardin et Rembrandt », *Essais et articles*, *CSB*, p. 372.
94 *Ibid.*, p. 374.

> approfondi, éternisé, le plaisir que lui donnait la vue d'un buffet, d'une cuisine, d'une office, d'une chambre où l'on coud[95].

Dans la *Recherche*, lors de ses séjours à Balbec, le Narrateur accomplira auprès d'Elstir – qui a retrouvé dans les toiles de Chardin « des sortes de fragments anticipés d'œuvres de lui[96] » –, des progrès esthétiques semblables à ceux faits par le mélancolique jeune homme. Il admirera enfin un simple portail d'hôpital qui, comme dans un tableau peint par Elstir, est « aussi beau sous son ciel de lapis que la cathédrale elle-même[97] », et cette « dame un peu vulgaire, qu'un dilettante en promenade éviterait de regarder[98] » deviendra belle aussi. Elstir sera le Chardin du Narrateur, un médiateur esthétique, un intercesseur aux multiples visages pour qui la vision intérieure est première. Elstir, comme Chardin, s'éloigne de la perception conformiste, de la *doxa* esthétique dominante : « [...] il n'y a pas de choses plus ou moins précieuses [...] tout le prix est dans les regards du peintre[99] », tel est en effet le *credo* du peintre de la *Recherche*.

Le véritable artiste saura animer, rendre mystérieuse ou joyeuses des scènes de la vie de tous les jours, que nous regardions sans plaisir particulier, ou bien encore des objets que l'habitude avait plongés dans une sorte de nuit. Chardin, Vermeer, Rembrandt, ces peintres tant aimés de Proust et découverts grâce aux Goncourt, sont d'abord ceux qui font entrer la lumière et éloigne la mort. Tel serait donc le paradoxe des « natures mortes » qui, par la grâce de l'artiste, évoquent et appellent la vie :

> Depuis que j'en avais vu dans des aquarelles d'Elstir, je cherchais à retrouver dans la réalité, j'aimais comme quelque chose de poétique, le geste interrompu des couteaux encore de travers, la rondeur bombée d'une serviette défaite où le soleil intercale un morceau de velours jaune, le verre à demi vidé [...] ; j'essayais de trouver la beauté là où je ne m'étais jamais figuré qu'elle fût, dans les choses les plus usuelles, dans la vie profonde des « natures mortes[100] ».

95 *Ibid.*, p. 373-374.
96 *Recherche*, t. II, p. 713.
97 *Ibid.*, p. 714.
98 *Id.*
99 *Id.*
100 *Recherche*, t. II, p. 224.

PASTICHES. CONTRE « LA VIE VRAIE »

Les Goncourt, révélateurs de Chardin et Vermeer, sont cependant aussi – envers de la médaille –, les auteurs du fameux *Journal*. Lorsque Proust, dans sa vingtième année, rencontre Edmond de Goncourt dans le salon de Madame Daudet ou chez la princesse Mathilde, c'est déjà un très vieux monsieur, « un vieillard hautain et timide[101] » se souvient Proust, mais qui, comme Alphonse Daudet, n'a rien perdu de sa radieuse beauté ; c'est « sur leur aspect prodigieux que s'est close pour moi l'ère des géants[102] », écrit Proust, à la fin de sa vie, dans un article paru le 27 mai 1922 dans le supplément littéraire du *Gaulois*, *Le Gaulois du dimanche*. Il s'agissait d'une série consacrée au « Centenaire d'Edmond de Goncourt ». Elle s'intitulait « *Les Goncourt devant leurs cadets* : *M. Marcel Proust*[103] ». Trois écrivains jugés d'avant-garde, Marcel Proust, René Bizet et Jean Giraudoux avaient été sollicités pour s'exprimer sur l'œuvre et l'influence des Goncourt, auteurs prestigieux à l'époque.

Ce texte bref, sans doute trop peu souvent cité, est précieux en ce qu'il est révélateur de la poétique proustienne. Il est certes plein d'une « respectueuse précaution » envers Edmond de Goncourt – comme l'écrit ici l'auteur de la *Recherche* –, mais on ne peut qu'être frappé par sa mordante ironie : lorsque Proust, par exemple, évoque la « passion sincère » qu'Edmond de Goncourt porte aux « œuvres d'art », placées en égalité avec les « arbustes rares de son jardin, lesquels étaient pour lui de précieux bibelots encore[104] ».

Car, curieusement, les Goncourt ne mettent pas en application, en tant que romanciers, les principes énoncés dans leurs écrits sur l'art... Pour reprendre le mot de Proust, il y a dans l'œuvre d'Edmond de Goncourt, « une fêlure[105] ». C'est sans doute la détestation chez Proust – le terme n'est pas trop fort –, envers la représentation naturaliste centrée sur l'objet, qui explique par ailleurs, dans l'article du *Gaulois*, lorsqu'on en

101 « *Les Goncourt devant leurs cadets : M. Marcel Proust* », *Essais et articles*, *CSB*, p. 642.
102 *Id.*
103 L'article du *Gaulois* a été repris dans *CSB*, *Essais et articles*, p. 641-643.
104 *Ibid.*, p. 643.
105 « Malgré tout, la fêlure se fit entre les parties passagères de son œuvre et les formes d'art qui suivirent » écrit Proust dans « Les Goncourt devant leurs cadets : *M. Marcel Proust* », *Essais et articles*, *CSB*, p. 643.

poursuit la lecture, ses mots peu bienveillants envers Edmond en tant qu'auteur du *Journal*[106].

Edmond, en effet, avait repris à la mort de Jules, en 1870, le *Journal* commencé avec son frère en 1851 : il s'agit d'un document sociologique, qui rassemble des réflexions sur les écrivains ou sur les artistes, des anecdotes piquantes sur la société mondaine de l'époque. Les Goncourt, tout comme Alphonse Daudet avec ses calepins noircis de notes, veulent peindre « la vie vraie », raconter le présent comme les historiens racontent le passé. Ils collectionnent les documents, prennent des notes d'après nature, reconstituent pour leurs romans des milieux précis. Le *Journal* d'Edmond – qui faisait si peur à ses hôtesses du noble Faubourg : « "Il écoute, il répète, il fait ses Mémoires sur nous"[107] », disaient-elles –, est tout entier dans l'observation minutieuse, microscopique ; Edmond de Goncourt couche sur ses noirs carnets, hommes, femmes, meubles, objets précieux, idées. Malheureusement, fustige Proust, « il observait, prenait des notes, rédigeait un journal, ce qui n'est pas d'un grand artiste, d'un créateur[108] ». Monsieur de Goncourt prétend se faire le « serviteur du vrai[109] », mais pour Proust, c'est dans le mauvais sens. Il « observe », assène Proust dans ce même article ! On connaît le côté facétieux de l'auteur de la *Recherche*, et le lecteur ne peut s'empêcher de reconnaître Monsieur de Goncourt dans ce personnage de tout arrière-plan, ce romancier qui fait une minuscule apparition chez la Marquise de Saint-Euverte :

> [...] Monsieur de Bréauté demandait : « Comment, vous, mon cher, qu'est-ce que vous pouvez bien faire ici ? » à un romancier mondain qui venait d'installer au coin de son œil un monocle, son seul organe d'investigation psychologique et d'impitoyable analyse, et répondit d'un air important et mystérieux, en roulant l'*r* : « J'observe[110]. »

Rien n'est pire, on le sait, pour l'auteur de la *Recherche* que de fixer laborieusement le monde du dehors, sans opérer une quelconque transmutation,

106 Edmond de Goncourt et Jules de Goncourt, *Journal des Goncourt, Mémoires de la vie littéraire* (1851-1895). Le *Journal*, fut écrit d'abord par Jules et Edmond, puis par Edmond seul après la mort de Jules à 39 ans, en 1870. Le *Journal* a été publié en plusieurs volumes, du vivant des auteurs, puis posthume.

107 « Les Goncourt devant leurs cadets : M. Marcel Proust », *Essais et articles*, *CSB*, p. 642.

108 *Id.*

109 *Id.*

110 *Recherche*, t. I, p. 321.

et ainsi – comme s'y emploie la mémoire dite « volontaire » – aplatir et fausser les choses, les idées et les hommes. Cette méthode, qui s'arrête aux détails, fut encore celle des investigations biographiques scabreuses du détesté Sainte-Beuve, qui, dans ses *Lundis*, dévalorise ses contemporains, et se fait méprisant pour Baudelaire qu'admirait tant Proust. Paradoxes proustiens : est-ce la peur de blesser la veuve d'Edmond de Goncourt, de faire preuve d'indélicatesse alors que le prix Goncourt si convoité lui a été récemment attribué, en 1919, pour *Les Jeunes filles en fleurs* ? Toujours est-il qu'une ligne plus loin, Proust se reprend : « Ce journal malgré tout, si calomnié, reste un livre délicieux et divertissant. Le style plein de trouvailles n'est pas, comme l'a dit selon moi à tort Daniel Halévy, d'un mauvais artisan de la langue française[111] ». C'est pourtant à une attaque en règle – contre le fameux *Journal* – que se livre Proust dans son pastiche Goncourt du *Temps retrouvé*.

On ne peut en effet parler des relations entre Proust et les auteurs du *Journal* – ce *Journal* lu et relu par Proust, qui y retrouvait les salons de sa jeunesse –, sans évoquer les deux pastiches Goncourt. Dans l'article précité du *Gaulois* de 1922, quelques mois donc avant sa mort, Proust mentionne son premier pastiche[112] de 1908, intitulé « Dans le *Journal* des Goncourt » (et qui concerne l'affaire Lemoine). Mais, par ailleurs, il annonce de manière sibylline à ses lecteurs qu'il fera une « critique » du style des Goncourt dans l'un des volumes de la *Recherche*, sans dévoiler d'ailleurs qu'il serait à charge : il s'agit là du pastiche inédit du *Journal* des Goncourt qui entrera dans *Le Temps retrouvé*[113] sous la forme de quelques pages issues d'un volume du *Journal* que Gilberte prête au Narrateur[114]. Voici ce qu'annonce Proust dans l'article du *Gaulois* :

> De ce style j'aurais trop à parler en l'analysant. Par la synthèse j'en ai fait du reste la critique – critique laudative en somme – dans mes *Pastiches et Mélanges*

---

111 *Ibid.*, p. 642.

112 Le premier pastiche « Dans le *Journal* des Goncourt » paraît dans *Le Figaro* du 22 février 1908. Ce texte fait partie de la série des neuf pastiches réalisés par Proust autour de l'affaire Lemoine, *Pastiches et mélanges*, *CSB*, p. 24-27.

113 L'édition originale du *Temps retrouvé*, dirigée par Robert Proust, a été publiée, rappelons-le, en 1927, cinq ans après la mort de l'auteur.

114 Voir ce pastiche du *Journal* dans *Recherche*, t. IV, p. 287-295. Voir aussi, au sujet de l'historique, la note des éditeurs : *Esquisse II Le Pastiche Goncourt et son commentaire*, *Recherche*, t. IV, p. 750-761. On lira également avec profit l'article de Jean Milly, « Le Pastiche Goncourt dans *Le Temps retrouvé* », *Revue d'histoire littéraire de la France* 5-6 (1971), p. 815-835. Selon Jean-Yves Tadié, « la *Correspondance* de Proust prouve que le 2e pastiche Goncourt fut écrit en 1915 », *op. cit.*, 1996, p. 748.

> et surtout dans un des volumes à paraître de *La Recherche du temps perdu*, où mon héros se retrouvant à Tansonville y lit un pseudo-inédit de Goncourt où les différents personnages de mon roman sont appréciés[115] ».

Le pastiche est très habilement inséré dans la narration de la *Recherche* : c'est en effet, un soir, à Tansonville, que Gilberte prête au Narrateur « un livre qui me produisit une impression assez vive et mêlée, qui d'ailleurs ne devait pas être durable. C'était un volume du journal inédit des Goncourt[116] ». Dans ces pages, un pseudo-Edmond de Goncourt relate sa visite et son déjeuner chez les Verdurin, les amateurs d'art de la *Recherche*.

Difficile de s'y tromper, ce pastiche est en fait un véritable manifeste d'esthétique générale, dénonçant ce que la littérature ne doit pas être, ni faire. Et ceci sans avoir l'air d'y toucher… On a ici en fait de la pure « critique en action » ! La violente contestation de l'univers des Goncourt s'opère sans que le cours de la narration soit brisé, sans intrusion critique, sans analyse. Nous savions que le roman dit d'analyse est détestable pour celui qui « cherche à découvrir des lois générales[117] » et le pastiche du *Temps retrouvé* obéit ainsi à l'exigence proustienne que traduit la formule : « une œuvre où il y a des théories est comme un objet sur lequel on laisse la marque du prix[118] ».

Dans le pastiche Goncourt du *Temps retrouvé*, véritable morceau de bravoure, le style artiste d'Edmond se trouve imité et ridiculisé, mais aussi tout cet univers « décoratif » dans lequel les deux frères vivaient, leur goût furieux pour objets d'art et bibelots.

On peut s'étonner, avec Olivier Rolin, « qu'on ne célèbre pas plus l'extraordinaire *vis comica* de Proust[119] ». Les pages du pseudo-journal que lit le Narrateur sont en effet d'une extrême drôlerie, à mourir de rire si le lecteur a le courage d'engloutir ce passage, que Proust a voulu compact, non aéré, sans aucun paragraphe, et fatalement indigeste à force de pseudo-beauté et de raffinements, tout ce dont les frères Goncourt raffolaient. Ce ne sont donc pas tant – comme l'affirme Proust dans son

---

115 « Les Goncourt devant leurs cadets : M. Marcel Proust », *Essais et articles*, *CSB*, p. 642.

116 *Recherche*, t. IV, p. 287.

117 « Réponses à une enquête des annales », *Essais et articles*, *CSB*, p. 640.

118 *Recherche*, t. III, p. 461.

119 De nombreuses phrases de Proust ponctuent le beau récit d'Olivier Rolin : *Extérieur monde*, Paris, Gallimard, 2019, p. 182.

article du *Gaulois* –, les personnages de son roman (en particulier les Verdurin), qui vont être « appréciés » (il s'agit bien entendu d'une litote), que les Goncourt qui sont visés. Qu'on lise le *Journal* des Goncourt, ou les *Causeries* d'un Sainte-Beuve, les aînés de Proust s'emploient à décrire et à rapporter expressément ce qui a été vu et ce qui a été dit : en « s'y collant ». Lorsque Proust imite cette approche « plate » de la réalité, c'est pour mettre en scène son ratage ; à force de trop bien « voir », on ne voit plus rien. Ainsi, par exemple, lorsqu'il décrit, en « écriture artiste » la vaisselle qui orne la table des Verdurin. Ce n'est guère un hasard si pour cette longue description microscopique et parmi tous les objets possibles, Proust ait choisi le plus ridiculement « plat », au sens littéral du mot, l'assiette :

> Nous passons à table et c'est alors un extraordinaire défilé d'assiettes qui sont tout bonnement des chefs-d'œuvre de l'art du porcelainier, celui dont, pendant un repas délicat, l'attention chatouillée d'un amateur écoute le plus complaisamment le bavardage artiste, – des assiettes des Yung-Tsching à la couleur capucine de leurs rebords, au bleuâtre, à l'effeuillé turgide de leurs iris d'eau, à la traversée, vraiment décoratoire, par l'aurore d'un vol de martins-pêcheurs et de grues[120] [...].

Ce n'est pas seulement le style « artiste » ou la représentation naturaliste qui sont ici mis en cause, mais bien encore la posture du collectionneur. Proust a pu en constater les ravages chez ses contemporains lettrés, les Goncourt, Montesquiou, Henri de Régnier, et tant d'autres rencontrés dans les salons de sa jeunesse. Le lecteur d'aujourd'hui ne peut imaginer la passion du bibelot qui règne à l'époque du jeune Proust. Une époque à laquelle les arts décoratifs triomphent. Or Proust, comme on sait, n'est pas un collectionneur, il n'amasse ni objets, ni tableaux. Sa chambre tapissée de liège est d'une parfaite banalité. Il est lui-même si peu attiré par la « chose », au sens littéral du terme, si parfaitement indifférent au mobilier, au décor qui l'entoure qu'il donnera avec sa générosité habituelle – il ne faudrait pas obligatoirement y voir une « profanation » –, les encombrants meubles de sa famille à Le Cuziat qui en décorera ensuite son bordel. Et dans la *Recherche*, il est significatif que le Narrateur n'ait aucun goût pour « la vie de collectionneur » que lui conseillait Swann, qui lui reprochait « de ne pas connaître M. de

120 *Recherche*, t. IV, p. 289.

Charlus, quand avec un mélange d'esprit, d'insolence et de goût, il [lui] disait : "Comme c'est laid chez vous !"[121] ».

Le « bibelotage », la recherche de « jolités[122] » faisaient en revanche le régal d'Henri de Régnier, avec qui Proust entretint une ample correspondance. L'une de ses occupations préférées, lors de ses nombreux séjours à Venise, était de faire les antiquaires avec ses amis Edmond Jaloux et Jean-Louis Vaudoyer (également proches de Proust) et faire transporter ensuite jusqu'à Paris ces meubles et ces objets si convoités. Régnier les a passionnément décrits dans ses *Esquisses vénitiennes*[123] publiées en 1906, que Proust avait donc pu lire, ou encore dans son bel essai, *L'Altana ou la Vie vénitienne 1899-1924* paru en 1928. Même fièvre acheteuse chez Edmond de Goncourt, qui souhaitait « habiter artistiquement » sa maison d'Auteuil, disposer de collections choisies, d'ouvrages de bibliophilie, vivre au milieu d'objets d'art. En témoigne *La Maison d'un artiste*[124] où Edmond, pièce après pièce, fait la visite guidée d'un espace « stylé » du vestibule au grenier – installé à partir de 1885 pour recevoir écrivains et artistes[125] – en passant par le jardin (les arbres rares), et ceci grâce aux innombrables acquisitions des deux frères.

Proust se sépare radicalement de cette posture de l'amateur d'art, de l'esthète collectionneur incarnée par les Goncourt, comme il séparera le Narrateur de celui qui incarne le mieux cette posture dans la *Recherche* : Swann, ce personnage que le Narrateur, avant les révélations du *Temps retrouvé*, veut à tout prix imiter. Swann, le visiteur du soir à Combray, dont on apprend en tout premier lieu (et ce n'est pas un hasard bien sûr) qu'il a une « "toquade" d'objets anciens et de peinture[126] », que dans son vieil hôtel, il « entasse » ses collections. Swann, ce personnage pourtant si sympathique, aime la vie lorsqu'elle ressemble à l'art, lorsque

121 *Recherche*, t. III, p. 888.

122 *Recherche*, t. IV, p. 290.

123 Jean Milly a montré que Proust s'en était inspiré pour *Albertine disparue* : « Proust et Henri de Régnier : modes proustiens de l'intertextualité », *Revue d'histoire littéraire de la France* 1 (2000), p. 27-44.

124 Edmond et Jules de Goncourt, *La Maison d'un Artiste*, Introduction de Dominique Petry et Christian Galantaris, Dijon, L'Échelle de Jacob, 2003 (2 vol.).

125 « Le Grenier », ainsi se nomme le cénacle, essentiellement masculin, qui se réunit chaque dimanche dans la maison d'Auteuil. Avec les soirées de Victor Hugo, les « Samedis » de Leconte de Lisle, les « Mardis » de Mallarmé, « Le Grenier » fut l'une des manifestations renommées de la vie littéraire à la fin du siècle.

126 *Recherche*, t. I, p. 16.

les sujets vivants ressemblent aux sujets peints ; il esthétise la vie sous des couches de références artistiques : la peinture, pour lui, par effet de contagion, rend précieuse la réalité côtoyée. L'objet d'art a donc pour Swann la pragmatique fonction de rehausser le réel, de lui donner du prix : il tombe amoureux d'Odette en découvrant sa ressemblance avec la figure de la Zéphora, la fille de Jéthro, peinte par Botticelli, le grand maître de la peinture italienne : « Quand il avait regardé longtemps ce Botticelli, il pensait à son Botticelli à lui qu'il trouvait plus beau encore et, approchant de lui la photographie de Zéphora, il croyait serrer Odette contre son cœur[127] ».

Proust réinscrit exactement cette attitude dans le faux *Journal* d'Edmond : on y lit les flagorneurs propos de Swann, enthousiaste devant les perles noires portées en collier par la Patronne : « "Et je connais leur portrait, de ces perles, aux épaules mêmes de Mme de La Fayette, oui, parfaitement, leur portrait" », insiste Swann, représentées sur un tableau appartenant à « une collection qui n'a pas son égale au monde[128] ». Les formules que Proust inscrit dans le *Journal* du pseudo-Edmond de Goncourt, cachent derrière l'objectivité du reportage, une critique acerbe. Les Verdurin, ces amoureux de « tous les raffinements, de toutes les *joliesses* de la chose peinte[129] », admirent chez Whistler ce qu'ils appellent « le coloriage artiste de l'original Américain[130] » ! Madame Verdurin, qui n'a rien compris à la manière d'Elstir, l'appelle méprisamment « Monsieur Tiche » et le pseudo-Edmond note longuement, à froid et sans commentaire, les propos (grotesques) de la Patronne à propos des fleurs peintes par Elstir :

> Et comme je parle à Madame Verdurin des paysages et des fleurs de là-bas, délicatement pastellisés par Elstir : « Mais c'est moi qui lui ai fait connaître tout cela, jette-t-elle avec un redressement de colère de la tête », tout, vous entendez bien, tout, les coins curieux, tous les motifs, je le lui ai jeté à la face quand il nous a quittés, n'est-ce pas, Auguste ? Tous les motifs qu'il a peints. Les objets, il les a toujours connus, cela il faut être juste, il faut le reconnaître. Mais les fleurs, il n'en avait jamais vu, il ne savait pas distinguer un althaea d'une passe-rose[131] ».

---

127 *Ibid.*, p. 221-222.
128 *Recherche*, t. IV, p. 293.
129 *Ibid.*, p. 287.
130 *Id.*
131 *Recherche*, t. IV, p. 292.

Pour les Verdurin, la peinture doit « coller » au réel, devenu simple *motif.* Le pastiche proustien insiste obstinément sur cette confusion (si fréquente à l'époque de Proust) entre art et *décoration*, beauté et *pittoresque.* Proust a pris par ailleurs grand soin, avant et après l'insertion du *Journal* pastiché, de souligner combien le Narrateur diffère des Goncourt. La réaction du Narrateur, après la lecture du pseudo-*Journal*, a pour effet de lui faire beaucoup moins regretter sa propre absence de dispositions pour les lettres, « comme si la littérature ne révélait pas de vérité profonde[132] ». Une remarque, dont on remarquera, là encore, l'immense ironie !

Le pastiche Goncourt, en braquant sur eux la lumière, à la manière d'un projecteur, mène la guerre contre les poncifs, les platitudes, contre la Doxa, dirait Roland Barthes. Il permet surtout à Proust, sans aucun dogme théorique, sans bruit, et sur ce mode comique qu'il aimait tant, d'exposer, *a contrario*, l'une des révélations essentielles du *Temps retrouvé* : le vrai sens artistique – contrairement à ce que croient les Goncourt, les Verdurin, et tant d'autres –, part non de la fidélité à représenter le monde du dehors mais de la seule soumission à la réalité intérieure.

C'est toujours dans l'article de Proust sur les Goncourt, ce passionnant texte écrit peu avant sa mort, qu'on lit cette profession de foi : pour faire revivre, il faut savoir re-composer ; il faut, nous dit Proust, autrement que ne le font les Goncourt, prendre « le mot de vrai dans un sens plus profond et plus large[133] ». Et ceci, non pas en saisissant à vif le réel, mais bien en se référant au « carnet du croquis oublié de la mémoire[134] ». Cette position de Proust contre la croyance objectiviste, qu'il s'agisse des dons d'observation d'Edmond de Goncourt pour son *Journal* ou de ceux de Sainte-Beuve pour ses *Causeries*, se trouve encore magnifiquement résumée dans cette déclaration, toujours l'année de sa mort : « Pour ma part, mon instrument préféré de travail est plutôt le télescope que le microscope[135] ».

Pour Proust, l'observation extérieure doit se doubler de l'impression, à laquelle participe très activement la mémoire affective. La vision s'enrichit ainsi des nuances multiples que le souvenir y associe. Par l'intercession

132 *Ibid.*, p. 287.

133 « Les Goncourt devant leurs cadets : M. Marcel Proust », *Essais et articles*, *CSB*, p. 642.

134 *Id.*

135 « Réponses à une enquête des annales », *Essais et articles*, *CSB*, p. 640. Il s'agit de la réponse de Proust, reprise dans *CSB*, à une enquête sur le roman initiée par *Les Annales politiques et littéraires*, 26 février 1922.

des grands auteurs, des grands peintres, des grands musiciens, l'art dépasse alors la pauvreté des contingences pour nous faire connaître :

> [...] cette réalité loin de laquelle nous vivons, de laquelle nous nous écartons de plus en plus au fur et mesure que prend plus d'épaisseur et d'imperméabilité la connaissance conventionnelle que nous lui substituons, cette réalité que nous risquerions fort de mourir sans avoir connue, et qui est tout simplement notre vie[136].

À l'horizontalité de la description réaliste des Goncourt, Proust opposera dans son roman la transversalité de la métaphore. À l'objet, il opposera la relation, souvent insoupçonnée (car au-delà des conventions), que l'Art (peinture, littérature ou musique) institue entre les objets et qui – telle la mémoire involontaire – en réunissant des univers différents, nous apporte « sans qu'on le veuille, un trait différent, extensif et complémentaire[137] », bref cette étincelle joyeuse qui ressuscite la « vraie vie ».

L'EMPREINTE DE RUSKIN

Bien entendu, l'impact exercé par Montesquiou ou par les Goncourt sur le jeune Proust ne peut être mis au même rang que celui de Ruskin, qui fut une véritable emprise. L'influence de Ruskin sur Proust, selon divers aspects, a été très tôt largement étudiée. Mais, plus précisément, quel rôle joue Ruskin dans le cheminement de Proust quant à sa conception de l'art ? C'est ce qui nous intéresse ici.

C'est sous la forme d'un blasphème – placé prudemment par Proust dans la bouche d'un personnage dit secondaire –, que le nom du théoricien de l'art et réformateur social anglais John Ruskin (1819-1900), figure intellectuelle dominante du XIXe siècle, fait son entrée dans la *Recherche*. Écoutons les remarques sarcastiques, et pourtant si lucides, de l'ami Bloch à qui le Narrateur parle de son désir d'aller à Venise :

---

136 *Recherche*, t. IV, p. 474.
137 « Les Goncourt devant leurs cadets : M. Marcel Proust », *Essais et articles*, *CSB*, p. 642.

> Oui, naturellement, pour boire des sorbets avec les belles madames, tout en faisant semblant de lire les *Stones of Venaïce* de Lord John Ruskin, sombre raseur et l'un des plus barbifiants bonshommes qui soient[138].

LE SALUT PAR L'ART

L'auteur des *Pierres de Venise*, qui passe des heures à copier les moulures d'un chapiteau gothique sous le soleil de la place Saint-Marc, semble en effet à l'opposé même de l'auteur de la *Recherche*. Pourtant l'empreinte de Ruskin[139] sur Proust est essentielle, même si dès 1900 la ferveur première du jeune Proust pour « le prophète d'Amiens[140] » semble être retombée, même s'il désapprouve certaines conceptions de l'auteur des *Pierres de Venise*[141] et n'hésite pas à marquer son désaccord

---

138 *Recherche*, t. II, p. 99.

139 On lira avec profit le dictionnaire Proust-Ruskin de Jérôme Bastianelli, 2017, *op. cit.* Voir aussi l'ouvrage déjà ancien mais très fouillé de Jean Autret, *L'Influence de Ruskin sur la vie, les idées et l'œuvre de Marcel Proust*, Genève, Droz, 1955 ; Juliette Monnin-Hornung, *op. cit.*, p. 26-34 et p. 64-72 ; George D. Painter, *op. cit.*, chap. XIV, p. 323-359 ; Cynthia Gamble, *Proust as Interpreter of Ruskin. The seven Lamps of Translation*, Birmingham, Summa Publivations, 2002 ; Richard Macksey, « Proust on the Margins of Ruskin », dans *The Ruskin Polygon : Essays of the Imagination of John Ruskin*, éd. John Dixon Hunt et Faith M. Holland, Manchester, Manchester University Press, 1981 ; Annette Kittredge « Des théodolites et des arbres (II) », *Revue des sciences humaines*, Presses de l'École normale supérieure 26 (1995), p. 45-73 ; Jo Yoshida, *Proust contre Ruskin. La Genèse de deux voyages dans la* Recherche (2 vol.), thèse de doctorat, Université de Paris-IV, 1976 ; Jean Milly, « Proust traducteur de Ruskin », dans *Acclimater l'autre. La traduction littéraire et son contexte culturel*, éd. Judit Karafiáth et György Tverdota, Budapest, Balassi, 1997. Pour mieux saisir l'attitude ambiguë de Proust à l'égard de Ruskin, voir l'étude de Antoine Compagnon, « Proust contre Ruskin », dans *Relire Ruskin*, éd. Fabrice Douar et Matthias Waschek, Paris, musée du Louvre Éditions, 2004, p. 149-178. Voir également Jean-Yves Tadié, 1996, *op. cit.*, le chapitre intitulé « Pèlerinages ruskiniens en France », p. 431-440 et enfin le beau livre d'Edward Bizub, *La Venise intérieure. Proust et la poétique de la traduction*, Neuchâtel, La Baconnière, 1991.

140 Il suffit de lire cette profession de foi : « Comprenant mal jusque-là la portée de l'art religieux au moyen âge, je m'étais dit, dans ma ferveur pour Ruskin : Il m'apprendra, car lui aussi, en quelques parcelles du moins, n'est-il pas la vérité ? Il fera entrer mon esprit là où il n'avait pas accès, car il est la porte. Il me purifiera, car son inspiration est comme le lys dans la vallée. Il m'enivrera et me vivifiera, car il est la vigne et la vie » : « Journées de pèlerinage », *Pastiches et mélanges*, *CSB*, p. 104.

141 Dans le chapitre qui suit, consacré à Ruskin et à Venise, je reprends différents éléments de mon article : « Ruskin contre Sainte-Beuve : le tableau dans l'esthétique proustienne », *Littérature* 103, Paris, ©Armand Colin, 1996 ; *cf.* aussi mon « Proust und die Steine von Venedig », dans *Marcel Proust – Orte und Räume*, éd. Angelika Corbineau-Hoffmann, Francfort, Suhrkamp/Insel, 2003, p. 179-200. Cet article en allemand remonte à ma communication en français (« Proust et les pierres de Venise ») dans le cadre du colloque

avec le maître vénéré, l'accusant d'« idolâtrie[142] ». Cette « maladie », ce « péché », dit Proust, consiste à tout subordonner à la « Beauté » et au sentiment esthétique, à préférer une doctrine « belle » à une doctrine vraie[143], à esthétiser la vie par d'innombrables références artistiques ; un péché très répandu en ce début du XXe siècle et que Montesquiou et les Goncourt partagent avec l'esthète anglais…

L'expérience de l'idolâtrie – celle de Ruskin, qui de manière fétichiste attache « de l'importance excessive […] à la lettre des œuvres[144] », et celle que Proust éprouva pour l'auteur des *Pierres de Venise* –, deviendra l'un des aspects structurants de la *Recherche* : le vice de l'idolâtrie s'incarnera dans des personnages comme Swann ou comme Legrandin, des modèles que le Narrateur doit éviter s'il veut devenir écrivain ; l'idolâtre est ici celui qui cherche dans une œuvre d'art la beauté d'une chose, d'un paysage, d'un être, selon une similarité illusoire : « Il s'écrie : "C'est bien beau !" non parce que l'étoffe est belle, mais parce qu'elle est l'étoffe peinte par Moreau ou décrite par Balzac et qu'ainsi elle est à jamais sacrée… aux idolâtres[145] ».

L'expérience de l'idolâtrie suscitera, en réaction, une contre-posture esthétique (la beauté n'est pas extérieure ! Elle est dans ce que la perception a « édité ») qui sera le fil rouge de la *Recherche*, et dont le peintre Elstir est le premier représentant :

> Non, je ne trouverai pas un tableau plus beau parce que l'artiste aura peint au premier plan une aubépine, bien que je ne connaisse rien de plus beau que l'aubépine, car je veux rester sincère et que je sais que la beauté d'un tableau ne dépend pas des choses qui y sont représentées[146].

Cela dit, on ne peut que rejoindre Painter lorsque, dans sa biographie de Proust, il intitule son chapitre consacré à Ruskin « Le salut par

---

Marcel Proust – Orte und Räume, organisé par la *Marcel Proust Gesellschaft* à Leipzig, en juin 2001.

142 « Or, il semble bien qu'à la base de l'œuvre de Ruskin, à la racine de son talent, on trouve précisément cette idolâtrie » (p. 129-130), écrit Proust dans un long texte, reproduit sous le titre « John Ruskin », *Pastiches et mélanges*, *CSB*, p. 105-141. Le texte reproduit dans *CSB* reprend en fait les deux articles publiés initialement dans *La Gazette des Beaux-Arts* : « John Ruskin I » (avril 1900) et « John Ruskin II » (août 1900). Ces articles sont des prépublications de la préface de Proust à sa traduction de la *Bible d'Amiens* de John Ruskin, *op. cit.*

143 « John Ruskin », *Pastiches et mélanges*, *CSB*, p. 130.

144 *Ibid.*, p. 134.

145 *Ibid.*, p. 135.

146 *Ibid.*, p. 137.

Ruskin[147] » : Ruskin fit aimer à Proust les cathédrales gothiques, la peinture anglaise et italienne ; Venise et Padoue, c'est encore Ruskin. Et surtout, c'est lui qui mit Proust sur la voie des essences et des révélations, ces deux notions centrales de sa future esthétique et qui lui enseigna la *religion de la Beauté* :

> Ce fut dans la Beauté que son tempérament le conduisit à chercher la réalité, et sa vie toute religieuse en reçut un emploi tout esthétique. Mais cette Beauté à laquelle il se trouva ainsi consacrer sa vie ne fut pas conçue par lui comme un objet de jouissance fait pour le charmer, mais comme une réalité infiniment plus importante que la vie, pour laquelle il aurait donné la sienne[148].

Proust découvrit l'œuvre de Ruskin, entre 1893 et 1903, dans *Le Bulletin de l'union pour l'action morale*, la revue de Paul Desjardins ; il lit dans cette revue des extraits traduits de différents ouvrages de Ruskin : *Sésame et les lys*, *Les Pierres de Venise*, *Les Sept lampes de l'architecture* ; des textes consacrés à l'Italie, au Moyen Âge et aux arts plastiques. L'année 1900, date de la mort de Ruskin, voit paraître toute une série d'articles de Proust sur l'esthète anglais : en janvier, on peut lire « [Nécrologie ...] John Ruskin » dans le n° 4 de *La Chronique des arts et de la curiosité* ; « John Ruskin I » et « John Ruskin II » paraissent dans *La Gazette des Beaux-Arts*, respectivement en janvier et en août 1900 ; « Pèlerinages ruskiniens en France » dans *Le Figaro* du 13 février, et « Ruskin à Notre-Dame d'Amiens » au Mercure de France en avril[149]. Par ailleurs, Proust – aidé de sa mère qui connaissait bien l'anglais, de Marie Nordlinger, la cousine anglaise de Reynaldo Hahn, et d'amis anglais –, traduit deux ouvrages majeurs : *La Bible d'Amiens*, dont la traduction définitive paraît au Mercure de France en 1904, accompagnée d'une préface de Proust et de nombreuses notes ; *Sésame et les lys* qui voit le jour sous la forme de livre[150] en juin 1906, également au Mercure de France. La préface de Proust pour ce dernier ouvrage, intitulée « Sur la lecture » mérite une attention toute particulière car s'y révèle déjà les grandes lignes de l'esthétique proustienne.

La lecture, la traduction des écrits de Ruskin, et la réflexion sur ces écrits à travers différentes études, se poursuivirent donc de 1896 à

147 George D. Painter, *op. cit.*, chap. XIV.

148 « John Ruskin », *Pastiches et mélanges*, *CSB*, p. 111.

149 Ces deux derniers articles ont été réunis dans *Pastiches et Mélanges*, *CSB* sous le titre « En mémoire des églises assassinées », p. 63-140.

150 La revue *Les Arts de la vie* en publia de nombreux passages, début 1906.

1904. Ces travaux demandent à Proust une énergie si considérable qu'il s'inquiète de jamais pouvoir mener à bien ses projets romanesques. Mais ils lui permirent sans doute de surmonter les déceptions causées par l'inaccessible comtesse Greffuhle, et surtout la froideur et l'insensibilité du noble Faubourg dont Proust découvre le vrai visage lors de l'affaire Dreyfus. À une époque où Proust désenchanté découvre le vide de ces mondanités qu'il avait tant recherchées, les textes de Ruskin sur l'art vont opérer, de manière tout à fait extraordinaire et prémonitoire, une sorte de transfiguration du réel. En 1900, fin-avril, début-mai[151], démissionnaire de la Bibliothèque Mazarine, Proust se rend à Venise avec sa mère où il retrouve Reynaldo Hahn (avec qui il admire les fresques de Giotto à la chapelle de l'Arena à Padoue), Marie Nordlinger, mais aussi son ami « Coco », comme on appelait Federico de Madrazo[152], musicien et peintre, proche parent du célèbre peintre et créateur d'origine espagnol, Mariano Fortuny (1871-1949) dont Proust visitera l'austère palais Orfei[153] et qui inspirera au romancier manteaux et robes d'Albertine.

À Venise, le rêve devient son adresse[154] ; un jour d'orage, à l'intérieur de Saint-Marc où il s'était réfugié et « où les mosaïques ne brillaient plus que de leur propre et matérielle lumière, et d'un or interne, terrestre

151 La critique a évoqué un autre mystérieux voyage de Proust en octobre de cette même année ; la seule preuve de ce second voyage serait une signature, identifiée comme étant celle de Proust sur le registre du couvent de San Lazzaro degli Armeni, une île de la lagune. On peut penser qu'il s'agit d'une grossière erreur : en effet, le Dr Reiner Speck, président de la *Marcel Proust Gesellschaft* (on trouve dans sa *Bibliotheca Proustiana Reiner Speck* (Cologne) plus de 120 autographes de Proust) et les membres de cette Société ont constaté, lors de l'excursion à Venise en novembre 2018, qu'il ne pouvait s'agir, en aucun cas, *de visu*, de la signature de Marcel Proust !

152 Federico de Madrazo, dit « Coco » (1875-1934) est le fils du peintre Raimundo de Madrazo y Garetta (1841-1920), un habitué des salons de Madeleine Lemaire et oncle de Mariano Fortuny.

153 Le Palazzo Pesaro degli Orfei, aujourd'hui Palazzo Fortuny ou Museo Fortuny, est un bâtiment de pur style gothique vénitien, situé place San Beneto. Fortuny s'y installe en 1898, d'abord au dernier étage, une immense pièce baignée de lumière, et entreprend ensuite avec son épouse française, Henriette Negrin, rencontrée à Paris, et qui le rejoint en1902 à Venise, la rénovation de tout le bâtiment qui abritera les ateliers (tissus, dont les fameux « plissés », teintures, peintures, photographies et objets de design dont les célèbres lampes). Il y vivra jusqu'en 1949, date de sa mort.

154 Les Proustiens ne pourront pas dormir à l'adresse qui fut celle de Proust en mai 1900, mais cependant y entrer : l'Hôtel de l'Europe situé sur le Grand Canal, à deux pas du pont de l'Académie, entrée calle del Ridotto n'existe plus, le bâtiment oui. En effet, cet hôtel occupait à l'époque le palazzo Guistinani, qui abrite aujourd'hui une fondation d'art contemporain ouverte au public.

et ancien » – Proust évoque ce souvenir dans sa préface à *La Bible d'Amiens*[155] –, il lit le chapitre que Ruskin avait consacré à la basilique vénitienne. Grâce à Ruskin, dit Proust :

> L'univers reprit d'un coup à mes yeux un prix infini. Et mon admiration pour Ruskin donnait une telle importance aux choses qu'il m'avait fait aimer, qu'elles me semblaient chargées d'une valeur plus grande même que celle de la vie[156].

Phrase inaugurale de la fonction salvatrice attribuée à l'Art dans la *Recherche*, et qu'il faut, bien sûr, rapprocher d'une autre (la mémoire involontaire opérant une même transfiguration du réel), celle du Narrateur, inquiet et désabusé avant que le goût de la madeleine ne vienne l'éveiller : « Un plaisir délicieux m'avait envahi, isolé, sans la notion de sa cause. Il m'avait aussitôt rendu les vicissitudes de la vie indifférentes, ses désastres inoffensifs, sa brièveté illusoire [...][157] ».

Il est significatif que Proust soit resté insensible aux aspects moraux et moralisateurs de l'esthétique ruskinienne, et à Ruskin comme réformateur social qui plaide la cause de l'ouvrier accablé par le travail à la chaîne. Les considérations morales et sociales de l'esthète anglais, qui prétend que tout art élevé est le produit d'un siècle croyant et vertueux (selon Ruskin, l'architecture d'une cathédrale, par exemple, révèle l'attitude morale d'un peuple) n'intéressent tout simplement pas Proust, même s'il admire son âme généreuse.

Proust sera, en revanche, particulièrement sensible à deux idées centrales de l'esthétique ruskinienne[158] qui deviendront les idées maîtresses de la *Recherche*. La première, c'est que l'Art, la beauté sont une « religion[159] » ; et Proust fera du *Temps retrouvé* un hymne à l'art. Pour Ruskin, qui développe cette idée en particulier dans *Modern Painters*

155 John Ruskin / Marcel Proust, *La Bible d'Amiens*, traduction, notes et préface de Marcel Proust, Union générale d'éditions, 1986, p. 58. ; « John Ruskin », *Mélanges*, *CSB*, p. 139.

156 *Ibid.*, p. 139.

157 *Recherche*, t. I, p. 44.

158 Voir John Ruskin, *Les Pierres de Venise*, Paris, Hermann, 1983, p. 66.

159 L'importance pour Proust de l'étude de Robert de la Sizeranne intitulée *Ruskin et la Religion de la beauté*, ouvrage qui eut un immense succès en France et que Proust lit en 1897, a été soulignée par la critique proustienne. La Sizeranne aura servi d'intermédiaire entre Proust et Ruskin, tout comme d'ailleurs le philosophe d'art Émile Mâle, avec qui Proust entretiendra une correspondance et dont il lit en 1898 *L'Art religieux en France*, ouvrage que Proust cite fréquemment dans ses études sur Ruskin, affirmant par exemple que l'œuvre de ce dernier est « l'illustration des vérités dégagées par M. Mâle » (*Corr.*, IV,

(1843) et dans *Seven Lamps of Architecture* (1849), l'art s'enracine dans le sacré, les grandes œuvres d'art donnent un aperçu de la divinité. Et Proust parlant des pouvoirs de l'art aura des phrases toutes ruskiniennes : « Pour faire sortir la vérité et la beauté d'un lieu, nous avons besoin de savoir qu'elle peut en sortir, que son sol est plein de dieux[160] ». Cette « Beauté » n'a rien à voir avec une quelconque jouissance hédoniste, elle est véritablement *religion* et *salut* : c'est pour elle encore, défaillant devant le Vermeer que Bergotte, le personnage écrivain de la *Recherche*, fait son choix : « Dans une céleste balance lui apparaissait, chargeant l'un des plateaux, sa propre vie, tandis que l'autre contenait le petit pan de mur si bien peint en jaune. Il sentait qu'il avait imprudemment donné la première pour le second[161] ».

Le deuxième dogme de Ruskin, qui s'avérera pour Proust extrêmement fécond, est qu'à l'instar de l'idée platonicienne, la beauté est toujours cachée au fond des choses, fussent-elles de l'apparence la plus plate et la plus quotidienne. Le rôle de l'artiste, dans une perspective qui n'est pas uniquement ruskinienne mais correspond à la doxa esthétique du XIXe siècle – qu'on se souvienne de la leçon de Chardin dégagée par les Goncourt –, est de se faire l'intercesseur, le traducteur de cette beauté qui sans lui nous fût restée invisible.

L'IDOLÂTRIE CRÉATRICE

L'empreinte de Ruskin sur Proust ne s'arrête pas cependant à des éléments de poétique. L'idolâtrie de Proust envers l'auteur des *Pierres de Venise* fut paradoxalement lucide, et surtout, bien plus qu'on ne le pense, extraordinairement créatrice. Lorsque l'édition des œuvres complètes de Ruskin commence à paraître, Proust s'y abonne. Il possède les trente-neuf tomes – parus entre 1903 et 1912[162] – de cette fameuse « Library Edition[163] », merveilleusement illustrée de photogravures (les gravures sur bois furent réalisées par les meilleurs artisans de l'époque, la société

p. 399). Au sujet de La Sizeranne et de Mâle, voir Anne Henry, *Marcel Proust. Théories pour une esthétique*, Paris, Klinsieck, 1981.

160 « Le peintre. Ombres-Monet », *Notes de date incertaine*, *CSB*, p. 676.

161 *Recherche*, t. III, p. 692.

162 Voir Ph. Kolb, *La Correspondance de Marcel Proust 1880-1922*, *op. cit.*, t. VII, p. 274.

163 *The Complete Works of John Ruskin*, édition réalisée sous la direction de E. T. Cook et A. Wedderburn, « Library Edition », London, George Allen, 1903-1912 (39 vol.).

britannique Arundel), d'aquarelles, de dessins, eaux fortes, détails d'architecture, copies que Ruskin avait réalisées *in situ* des tableaux ou des monuments qu'il aimait.

La merveilleuse inventivité du romancier Proust s'emparera des descriptions érudites de l'historien de l'art anglais, et surtout – c'est ce qui nous intéresse ici – des superbes reproductions de la « Library Edition », pour les transformer en éléments narratifs ou pour caractériser ses personnages. Quelles sont ces images « pillées » par Proust chez Ruskin ? En voici quelques exemples parmi les plus marquants ; le plus éclatant étant sans doute « Zipporah », aquarellisée par Ruskin, une copie partielle de la fresque de Botticelli, centrée sur la fille de Jethro, future épouse de Moïse, et qui orne en frontispice le volume XXIII (1906), de la « Library Edition » : « Zipporah » sera transformée par Proust en Odette-Zéphora, l'amour de Swann[164].

Et il faut aussi s'arrêter à Giotto. C'est encore à Swann que sont d'abord associées les fresques de Giotto, à Padoue : car c'est lui qui offre au Narrateur enfant[165], pour la salle d'études à Combray, des photographies représentant *Les Vices et les Vertus.* Or, les allégories de Giotto tiennent une place considérable chez Ruskin, avant de trouver leur place, structurante, dans la *Recherche* (mais, nous le verrons, pour des raisons différentes). Elles ont, un temps, été jugées par Proust si aptes à désigner certains aspects de son projet romanesque[166], qu'il annonce dans l'édition

164 *Recherche*, t. 1, p. 221-222. Par ailleurs, Jean Autret a montré que les descriptions d'Odette correspondent en fait à des collages de phrases tirées de Ruskin (*op. cit.*, p. 100), ou bien sont issues de « ses planches de Zephora, Judith et Fortitude » (*op. cit.*, p. 124). *Cf.* aussi Cynthia Gamble, « Zipporah : a Ruskinian Enigma Appropriated by Marcel Proust », *Word and Image*, vol. 15, n° 4, (1999) p. 381-394.

165 Ce cadeau est évoqué à de nombreuses reprises : *Recherche*, t. I, p. 80-81 ; t. III, p. 895 ; t. IV, p. 226.

166 Sur Proust et Giotto, on lira la belle étude de Luc Fraisse, « Les Vices et les Vertus de Padoue : Proust et le problème de l'allégorie », *Revue d'histoire littéraire de la France* (2012), n° 2, p. 421-430 ; *cf.* aussi la toute première étude parue sur Proust et Giotto : J. Theodore Johnson, « Proust and Giotto : Foundations of an allegorical interpretation of *À la Recherche du temps perdu* », dans *Marcel Proust : a critical panorama*, éd. Larkin B. Price, Urbana, University of Illinois Press, 1973, p. 168-205 ; *cf.* Karlheinz Stierle, « Proust, Giotto und das Imaginäre », dans *Modernität und Tradition, Festschrift für Max Imdahl zum 60. Geburtstag*, publié par G. Boehm, K. Stierle. G. Winter, Munich, Wilhem Fink, 1985, p. 219-249 ; une approche théologique de Juliette Hassine : « La Charité de Giotto ou l'allégorie de l'écriture dans l'œuvre de Marcel Proust », *BIP* 26 (1995), p. 23-43. Voir aussi Paul de Man, « Proust et l'allégorie de la lecture », dans *Mouvements premiers. Études critiques offertes à Georges Poulet*, Paris, José Corti, 1972, p. 231-250 ; les articles « Giotto »

originale de *Du côté de chez Swann* (Grasset, novembre 1913) une section à paraître, intitulée « Les Vices et les Vertus de Padoue et de Combray ».

L'intérêt de Proust pour les allégories remonte à la traduction, entreprise début 1903, qu'il fit de *La Bible d'Amiens* (1904) de Ruskin ; en témoignent les annotations de Proust – qu'on peut lire dans *Pastiches et mélanges*[167]. Ruskin, dans *La Bible d'Amiens*, décrit en effet les allégories des Vices et des Vertus qui, dans la cathédrale d'Amiens, sont surmontées par les statues des apôtres : le bas-relief supérieur représentant la vertu enseignée ou pratiquée par l'apôtre et le bas-relief inférieur le vice opposé. Proust souligne[168] par ailleurs que Ruskin évoque la figure de la Charité dans *Pleasures of England*, dans *Stones of Venise* et dans *The Eagle's nest*, où il passe de la description de la sombre Charité d'Amiens à la Charité de Giotto dans la radieuse Padoue (voir Fig. 1). Proust cite ici Ruskin, à qui il reprendra presque *texto* pour la *Recherche* certains éléments de sa description : « [...] "à Padoue la Charité de Giotto tend dans sa main son cœur à Dieu, foule aux pieds des sacs d'or, les trésors de la terre, et donne seulement du blé et des fleurs"[169] ».

Proust, dans ces annotations, attire aussi l'attention sur le fait que le médiéviste Émile Mâle a déjà fait le rapprochement entre la Charité d'Amiens et celle de Padoue dans son *Art religieux du XIIIe siècle en France* (1902), ouvrage dont le jeune Proust fut un lecteur assidu et admiratif. Témoigneraient encore de la fascination proustienne pour la thématique des Vices et des Vertus, ces dessins[170] « médiévaux » destinés à Reynaldo Hahn et insérés dans les lettres de Proust entre 1902 et 1910. Pour ce faire, Proust recopie, et même décalque (sans le moindre respect) les illustrations du livre d'Émile Mâle ! Ainsi, entre autres, de manière transgressive et ludique, il fait subir aux « vitraux de la rose » de

---

et « Padoue », rédigés par Alberto Beretta Anguissola pour le *Dictionnaire Marcel Proust*, éd. Annick Bouillaguet et Brian G. Rogers, Paris, Champion, 2004.

167 « Journées de pèlerinage, Ruskin à Notre-Dame d'Amiens, à Rouen, etc. », *Pastiches et mélanges*, *CSB*, p. 95-97 en particulier.

168 *Ibid.*, voir notes 6 et 8 d'Yves Sandre, p. 744-745.

169 *Ibid.*, p. 745.

170 Voir l'étude de Virginie Greene et Caroline Szylowicz, « Le Miroir des images : étude de quelques dessins médiévaux de Proust », *Bulletin d'informations proustiennes* 28 (1997), p. 7-29. Les dessins de Proust comme caricature ont été analysés par Claude Gandelman, « The Drawings of Marcel Proust », *Adam International Review* 394 (1976), p. 21-57. Un grand nombre de ces dessins ont été réunis et commentés par Philippe Sollers, *L'Oeil de Proust, Les dessins de Marcel Proust*, Paris, Stock, 1999.

Notre-Dame de Paris qui illustrent les Vices, de fortes transformations iconographiques à l'évident caractère sexuel[171].

Proust avait déjà pu voir *in situ*, lors de son voyage à Padoue en 1900, les fresques aux éblouissantes couleurs, composées par Giotto entre 1302 et 1306, et qui ornent la voûte en berceau et les murs de la modeste chapelle de l'Arena (ou chapelle des Scrovegni) à Padoue. Les quatorze figures allégoriques[172] que Giotto a dessinées sur le bas-relief s'insèrent à l'intérieur de faux cadres, sur une bande imitant un marbre polychrome. Elles se font face sur les deux parois de la petite chapelle : les sept Vertus se trouvant à droite, les sept Vices à gauche et elles servent en quelque sorte, par illusion optique, de soubassement à des scènes fréquemment représentées dans l'art chrétien : une représentation qui va du cycle de la vie d'Anne et de Joachim, les parents de Marie, à celui de la vie du Christ.

Deux volumes ruskiniens de la « Library Edition », le volume XXIX (1906) et le volume XXVII (1907), serviront abondamment l'écriture de la *Recherche*. En effet, grâce à ces deux ouvrages, Proust a pu regarder chez lui, tout à loisir, le cycle des allégories de Giotto, reproduites sous la forme d'admirables photogravures (gravures sur bois à l'origine). Le volume XXIV rassemble quatre études de Ruskin[173], dont *Giotto and his Works in Padua*. Sur les quatorze allégories de Giotto, neuf seulement sont reproduites dans ce volume XXIV, réparties sur trois différentes planches : *Prudence, Fortitude, Temperance* (planche XLI) ; *Faith, Despair, Infidelity* (planche XLII) ; *Anger, Inconstancy, Folly* (planche XLIII)[174]. Les cinq autres se trouvent dans le volume XXVII (1907), qui contient le premier tome de *Fors Clavigera, Letters to the Workmen and Labourers of*

171 Voir ces dessins dans Philippe Sollers, 1999, *op. cit.*, p. 86.

172 Grâce à sa traduction de la *Bible d'Amiens* de Ruskin, Proust a déjà été confronté aux figures allégoriques des Vices et des Vertus, mais il s'agissait là des figures placées sous les statues des apôtres du porche occidental de la cathédrale d'Amiens. Il en fait la description dans « Journées de pèlerinage. Ruskin à Notre-Dame d'Amiens, à Rouen, etc. », *Pastiches et mélanges, CSB*, p. 95-97.

173 Le volume XXIX rassemble en outre les études suivantes dans lesquelles Proust « puisera » également : *The Guide to the Principal Pictures at the Academy of Fine Arts at Venice*, (écrit à Venise en 1876-1877) et *St. Mark's Rest* écrit à la même époque. Une quatrième étude, *The Cavalli Monuments Verona*, fait aussi partie de ce volume.

174 Ruskin, « Giotto and his Works in Padua », vol. XXIV, *op. cit.*, planches (photogravures) : XLI (*Prudence, Fortitude, Temperance*) p. 115 ; XLII (*Faith, Despair, Infidelity*) p. 120 ; XLIII (*Anger, Inconstancy, Folly*) p. 122.

Great Britain[175] : *Hope* (I, p. 79), *Envy* (II, p. 111) ; *Charity* (III, p. 115), *Injustice* (IV, p. 165), *Justice* (V, p. 181).

On retrouve dans la *Recherche* de nombreuses évocations des Vices et des Vertus[176], mais trois allégories, en particulier, joueront dans le récit un rôle déterminant : la Charité (*Caritas*), l'Injustice (*Injusticia*), l'Idolâtrie (*Infidelitas*). Elles sont entièrement soumises à la narration proustienne ; Proust, nous l'avons dit, détourne résolument de leur contexte d'origine les reproductions de la « Library Edition ». D'une part, il néglige la dimension picturale et artistique des allégories, d'autre part il les vide en quelque sorte de leur contenu spirituel. Certains traits représentatifs des figures peintes, saisies par Proust comme des tableaux réalistes, en particulier certains attributs, forment le point de départ pour des associations, des analogies « romanesques », qui font avancer la narration : comme lorsqu'il utilise, en jouant sur les différentes appellations, la figure de l'Idolâtrie/*Infidelitas*[177] (l'Idolâtrie est titrée *Infidelity* chez Ruskin) pour marquer le caractère inquiétant d'Albertine.

Les allégories permettent aussi à Proust de caractériser ses personnages : la Charité, toute première évocation de Giotto dans la *Recherche*, sert à donner la mesure de Swann : il ne cesse de « faire du Montesquiou » et sa disposition particulière est « de chercher des analogies entre les êtres vivants et les tableaux des musées[178] ». Comme lorsqu'il donne à la fille de cuisine à Combray le surnom de « Charité de Giotto[179] » : car, « engraissée par sa grossesse », elle ressemblait à « ces vierges fortes et hommasses, matrones plutôt, dans lesquelles les vertus sont personnifiées à l'Arena[180] » (voir Fig. 1).

Un autre exemple (lié à Swann et à l'exposition de son « vice artistique ») de cette fonction caractérisante, dont Proust a doté les allégories, saisies de façon « réaliste », est bien encore la soirée mondaine de la

175 Ruskin, *Fors Clavigera*, *Lettres de 1-36* (rédigées en 1871, 1872, 1873), volume XXVII, *op. cit.*

176 *Recherche*, t. I, p. 80-81 (sont évoquées ici respectivement La Charité, l'Envie, la Justice, l'Injustice) ; p. 119-120, p. 121 (La Charité) ; p. 322 (L'Injustice). Pour le t. II, voir p. 241 (L'Idolâtrie) ; p. 444-445 (L'Envie). Pour le t. IV, voir p. 226-227 (La Charité, L'Envie) et plus généralement la chapelle des Giotto et les « anges voltigeurs ».

177 Voir Fig. 2 – Giotto, L'Idolâtrie (*Infidelitas*), 1305-1306, chapelle des Scrovegni, Padoue. Je développe la comparaison Albertine/Idolâtrie dans mon article : « Le Roman pictural d'Albertine », *Littérature* 123, Paris, ©Armand Colin, 2001, p. 109, et dans le dernier chapitre du présent ouvrage.

178 *Ibid.*, t. I, p. 317.

179 Voir Fig. 1 – Giotto, La Charité (*Caritas*), 1305-1306, chapelle des Scrovegni, Padoue.

180 *Recherche*, t. I, p. 80.

marquise de Sainte Euverte. Cette soirée, vue par les yeux de l'iconolâtre, se présente comme une suite de tableaux de grands maîtres (défilent ainsi Mantegna, Dürer, Goya, Benvenuto Cellini) ; pour Swann, « grand admirateur des Vices et des Vertus de Giotto à Padoue[181] », l'un des hôtes, Monsieur de Palency avec « sa grosse tête de carpe aux yeux ronds[182] » évoque irrésistiblement « l'Injuste » caché derrière un rameau feuillu…

Proust, en évoquant Giotto, ne joue pas, contrairement à Ruskin, le rôle de l'historien de l'art ou du théologien. Il est le romancier qui s'empare des figures de l'Arena pour, dans son récit, en faire les messagères d'un enseignement radicalement différent de celui, christique, que leur assignait d'abord Giotto, et Ruskin ensuite. Lorsque l'auteur de la *Recherche*, pour mettre en lumière le décalage déceptif entre l'apparence et la réalité des choses, compare les bourgeoises de Combray aux figures de la Justice et de l'Injustice, c'est d'abord un enseignement à portée philosophique[183] qu'il destine au lecteur. Nous reviendrons largement par la suite sur les fonctions de ces allégories dans le récit proustien.

Autre exemple de « transfert pictural » Ruskin-Proust : la fresque à l'Arena, intitulée *The Entombment* chez Ruskin (*La Mise au tombeau*), reproduite dans le volume XXIV sous la forme d'une photogravure[184], attire certainement l'attention de Proust, mais elle n'est pas expressément nommée par l'auteur de la *Recherche*. Proust s'empare uniquement de la partie supérieure, représentant des anges voltigeant dans un ciel azuré. Selon le processus évoqué précédemment, il extrait résolument de son contexte théologique la douloureuse scène de deuil initialement représentée par Giotto, transformant audacieusement les anges pleurant la mort du Christ, en des « volatiles » d'une espèce rare, en des créatures joyeuses faisant des loopings[185] ; bref, *La Mise au tombeau* devient un moment radieux dans ce que j'ai nommé le « roman pictural d'Albertine[186] ».

181 *Recherche*, t. I, p. 322.

182 *Ibid.*, t. I, p. 322.

183 J'ai déjà commenté cette fonction des figures de Giotto dans mon article repris et développé ici : « Ruskin contre Sainte-Beuve : le tableau dans l'esthétique proustienne », *Littérature* 103, Paris, © Armand Colin, 1996, p. 110.

184 Ruskin, « Giotto and his Works in Padua », volume XXIX, *op. cit.*, planche face à la p. 104. Il manque donc ici les ardentes couleurs de la fresque initiale. Proust, qui évoque le bleu de la fresque dans Albertine disparue (*Recherche*, t. IV, p. 226-227) s'est sans doute souvenu de sa visite à l'Arena, mais a certainement consulté d'autres sources.

185 Voir t. IV, p. 226-227. Voir Fig. 5.

186 Voir *Recherche*, t. IV, p. 226-227. Pour cette scène, voir le chapitre éponyme du présent ouvrage.

Quant à Vittore Carpaccio (vers 1465-1526), Ruskin décrit et commente avec admiration dans *ST. Mark's Rest* (vol. XXIV), les œuvres du peintre (conservées dans la minuscule église San Giorgio dei Schiavoni et à l'Académie). Son étude intitulée *Guide to the Principal Pictures at the Academy of Fine Arts at Venice* (vol. XXIV) a ceci de particulier qu'elle est richement augmentée de photogravures. Proust aura pu ainsi, une fois encore, étudier à volonté les toiles représentant le cycle de *La Légende de Sainte Ursule*. C'est vers 1490, rappelons-le, que Vittore Carpaccio décora la *Scuola* de Sainte Ursule où la famille Lorédan a sa sépulture. La série des neuf toiles du cycle de la *Légende de Sainte Ursule* est toujours, comme au temps de Proust, au Musée de l'Académie : « Carpaccio est précisément un peintre que je connais fort bien, j'ai passé de longues journées à San Giorgio dei Schiavoni et devant Sainte Ursule, j'ai traduit tout ce que Ruskin a écrit sur chacun de ses tableaux », écrit Proust à son amie Maria de Madrazo le 17 février 1916[187].

C'est dans l'ogive d'une façade gothique – pour Ruskin l'apothéose du style architectural –, « reproduite, dans tous les musées de moulage et tous les livres d'art illustrés, comme un des chefs-d'œuvre de l'architecture gothique au moyen âge[188] », que le Narrateur inscrit dans sa mémoire le visage angélique et aimant de sa mère derrière les balustrades de marbre :

> [...] de bien loin et quand j'avais à peine dépassé Saint-Georges le Majeur, j'apercevais cette ogive qui m'avait vu, et l'élan de ses arcs brisés ajoutait à son sourire de bienvenue la distinction d'un regard plus élevé et presque incompris[189].

Puis il enferme son souvenir dans une peinture et un espace qui sont intimement liés au philosophe anglais : la mère du Narrateur (orpheline de sa propre mère) avec « cette voilette en tulle d'un blanc aussi déchirant que celui de ses cheveux pour moi[190] » devient cette femme en deuil, celle-là même représentée à l'extrême droite du tableau de Carpaccio, intitulé *St. Ursula on her Bier* chez Ruskin[191] (*Martyre et funérailles de sainte*

---

187 *Corr*, t. XV, p. 58.
188 *Recherche*, t. IV, p. 204.
189 *Id.*
190 *Id.*
191 *Cf.* la planche « St. Ursula on her Bier » dans John Ruskin, *Guide to the Academy at Venice*, vol. XXIV, *op. cit.*, p. 176. La reproduction partielle de la « Library Edition » ne prend en

Ursule). Et son sanctuaire n'est autre que le baptistère de la basilique Saint-Marc, sorte de saint des saints ruskiniens.

Proust, suivant Ruskin[192], fera de Carpaccio un peintre premier : le *Patriarche du Grado*[193] – toile sur laquelle le Narrateur croit reconnaître le manteau porté par Albertine, juste avant sa disparition, jouera un rôle déterminant[194] dans le cheminement épistémologique du Narrateur ; quant au baptistère, n'oublions pas qu'il s'agit aussi du lieu de sépulture du fameux doge Andrea Dondolo qui fut pour l'esthète anglais – il fait longuement son éloge dans *ST. Mark's Rest* et décrit minutieusement son tombeau –, un idéal humain, une figure paternelle par excellence. Oui, tout ceci est bien curieux, choix conscient ou acte manqué de la part de Proust lorsqu'il associe la mère du Narrateur au baptistère de la basilique ?

> Une heure est venue pour moi où quand je me rappelle ce baptistère, devant les flots du Jourdain où saint Jean immerge le Christ tandis que la gondole nous attendait devant la Piazzetta il ne m'est pas indifférent que dans cette fraîche pénombre, à côté de moi il y eût une femme drapée dans son deuil avec la ferveur respectueuse et enthousiaste de la femme âgée qu'on voit à Venise dans la *Sainte Ursule* de Carpaccio, et que cette femme aux joues rouges, aux yeux tristes, dans ses voiles noirs, et que rien ne pourra plus jamais faire sortir pour moi de ce sanctuaire doucement éclairé de Saint-Marc où je suis sûr de la retrouver parce qu'elle y a sa place réservée et immuable comme une mosaïque, ce soit ma mère[195].

CONTRE RUSKIN ET L'ÉRUDITION : LA LEÇON DE VENISE[196]

Dans *À la recherche du temps perdu*, un certain nombre de villes jouent un rôle important, elles sont d'ailleurs liées au déroulement de l'intrigue.

---

compte que l'extrême partie droite du tableau, la femme en deuil se retrouve du même coup au premier plan (comme chez Proust ensuite).

192 C'est dans les ouvrages suivants de Ruskin que le lecteur trouvera le plus grand nombre de commentaires du critique d'art anglais sur Carpaccio : *Fors Clavigera*, *St Mark's Rest*, *Academy Notes*.

193 Voir Fig. 4 – Vittore Carpaccio, *Patriarche du Grado exorcisant un possédé*, 1494, Venise, Gallerie dell'Accademia.

194 Voir le chapitre intitulé « Le Roman pictural d'Albertine » du présent ouvrage.

195 *Recherche*, t. IV, p. 225.

196 Je reprends ici de nombreux éléments de ma communication en français, présentée lors du colloque organisé par la *Marcel Proust Gesellschaft* à Leipzig en 2001 : *Marcel Proust – Orte und Räume* ; reprise en allemand dans mon article « Proust und die Steine von Venedig », 2003, *op. cit.*, p. 179-200.

Combray avec ses maisons, ses boutiques et son église se rattache à l'enfance ; les plages et l'hôtel de Balbec sont les témoins des premières vacances, de la première rencontre avec le peintre Elstir et avec Albertine ; Doncières est le lieu du service militaire ; et enfin, Paris – les boulevards, les salons, l'appartement du Narrateur – constituent le cadre de tout ce qui caractérisera l'âge adulte : mondanités et souffrances amoureuses. Venise joue, elle aussi, un rôle important tout au long du roman, mais ce rôle est radicalement différent de celui des autres villes. Venise est le lieu des rêves et des fantasmes, rêves artistiques et fantasmes érotiques, et elle gardera cette fonction exceptionnelle, même lorsque le Narrateur l'aura visitée[197]. La Cité des Doges revêt ainsi une ambiguïté profonde, paradoxale, que même la visite, c'est-à-dire le moment où les rêves antérieurs pourront enfin être mis à l'épreuve de la réalité, ne parvient pas à dissiper. Elle ne s'intègrera véritablement à l'œuvre qu'au moment même où elle disparaît dans sa « réalité » pour renaître, conformément à la poétique proustienne, comme un élément privilégié de la mémoire involontaire. Il est significatif que cette Venise des rêves et des fantasmes, soit toujours, pour le Narrateur, associée à trois personnes : sa mère, qui l'accompagne dans son voyage, Albertine, qui au moment de ce voyage est déjà morte, mais dont le souvenir douloureux ressurgit, et Ruskin, l'auteur des *Pierres de Venise*.

Car Venise, avant de devenir la ville de Proust, est d'abord, nous l'avons compris, la ville de Ruskin[198]. C'est en 1835, à l'âge de 16 ans

197 Je reviendrai par la suite à maintes reprises sur ce « séjour à Venise » qui, dans l'édition de la Pléiade (1994) à laquelle je me réfère, s'inscrit dans le tome intitulé *Le Temps retrouvé*. Bien entendu, il ne s'agit pas d'occulter ici les problèmes liés à l'établissement et à la tomaison du texte de la *Recherche*, concernant cette section intitulée *La Fugitive* ou encore *Albertine disparue*, et tout particulièrement la partie correspondant à l'épisode vénitien. Tout ceci est aujourd'hui bien connu grâce aux travaux de Nathalie Mauriac Dyer (l'édition *d'Albertine disparue* par N. Mauriac Dyer et E. Wolf, Grasset, 1987). Selon Nathalie Mauriac Dyer (voir p. 5-50), Proust a voulu transformer de manière drastique l'architecture de son roman. Cependant Robert Proust et Gaston Gallimard dans l'édition de 1925 n'ont pas gardé la structure prévue par Proust juste avant sa mort et appelé *Temps retrouvé* tout ce qui suit le séjour à Venise. On peut bien entendu imaginer que Proust a biffé ces pages pour les remonter ailleurs comme c'est souvent le cas dans les Cahiers. Il faut lire par ailleurs encore à ce sujet la thèse de Luc Fraisse (qui diffère de celle de N. Mauriac Dyer) dans l'introduction, très fouillée et éclairante, à son édition de *La Fugitive* : Marcel Proust, *Œuvres complètes*, t. VI, *La Fugitive* (*À la recherche du temps perdu*, t. VI), Paris, Classiques Garnier, coll. « Bibliothèque de littérature du XXe siècle », 2017 ; en particulier les pages 38-81 et les pages 248-266 concernant le séjour à Venise, où il est également question de Ruskin.

198 Je me réfère pour ces informations sur Ruskin à l'ancienne et remarquable biographie de Frederic Harrison, *John Ruskin, 1819-1900* (2e édition), Paris, Mercure de France, 1909.

que Ruskin visite pour la première fois la cité des Doges, il y retourne en mai 1841 en compagnie du peintre Harding, alors qu'il fait ses études à Oxford. Il y fait de longs séjours, surtout lors des hivers 1849 et 1851. En novembre 1849, il s'installe avec son épouse à l'hôtel Danieli et effectue pendant quatre mois un travail extraordinaire, réalisant croquis, mesures du Palais Ducal, de Saint-Marc et des autres édifices, précisant les dates, les sources et l'origine de chaque « pierre » de Venise, chapiteaux, balustres, colonnades. Au printemps de 1850, Ruskin est de retour dans la cité des Doges pour écrire le premier volume de ses *Stones of Venise* et recourt pour les illustrations, magnifiques, aux meilleurs graveurs de l'École anglaise. D'autres séjours suivront.

Dans l'épisode vénitien de la *Recherche*, dans cette Venise *in situ*, triomphe le goût de l'esthète anglais, grand admirateur de l'art chrétien médiéval, de l'art byzantin et gothique : c'est Saint-Marc et son baptistère, haut lieu ruskinien, objet d'exaltation des *Pierres de Venise*, et tout ce qui se trouve à proximité immédiate : Piazzetta, colonnes de la Piazzetta, les « belles étrangères », Palais ducal qui représentait pour Ruskin le bâtiment « au centre du monde », ange d'or du Campanile. La Venise de la Renaissance que Ruskin trouvait grotesque (il déteste les églises du Palladio), la grande Venise baroque que Ruskin trouvait corrompue, il n'en est pas question dans la *Recherche*, et d'ailleurs Proust les-a-t-il même vues ?

Lorsqu'en mai 1900, il a vingt et un ans, Proust part avec sa mère pour son pèlerinage ruskinien, il croit déjà ses jours comptés ; comme il l'écrit dans l'une de ses études sur Ruskin : « je partis pour Venise afin d'avoir pu, avant de mourir, approcher, toucher, voir incarnées, en des palais défaillants mais encore debout et roses, les idées de Ruskin sur l'architecture domestique au moyen âge[199] ». Le séjour à Venise[200] qui réunit en un tout indivisible et étouffant les trois protagonistes du roman – le Narrateur, la mère, Ruskin – est ainsi singulièrement marqué du sceau de l'autobiographique. Proust fait revivre au Narrateur les journées « bénies » de mai 1900 : « Après le déjeuner, quand je n'allais pas errer seul dans Venise, je montais me préparer dans ma chambre pour sortir avec ma mère, et, pour prendre des cahiers où je prendrais des notes relatives à un travail que je faisais sur Ruskin[201] ».

199 « John Ruskin », *Mélanges*, *CSB*, p. 139.
200 Il s'agit du passage proposé dans *Recherche*, l'édition Tadié de « la Pléiade ».
201 *Recherche*, t. IV, p. 224.

L'empreinte de Ruskin sur Proust est indéniable ; en revanche, la passion, ou même l'idolâtrie pour l'esthète anglais – qui accompagnent la jeunesse de Proust, environ jusqu'à sa traduction de la *Bible d'Amiens* – les fameuses « années Ruskin », ont disparu du roman proustien. Dès *Combray*, une nette mise à distance apparaît ; plus exactement, à travers le voyage du Narrateur à Venise, Proust met en scène les effets négatifs de cette « religion de la beauté », si présente dans la doxa esthétique de ce début du XXe siècle et met en garde son lecteur. Voyons ici de quelle manière.

Venise entre dans la *Recherche*, et plus exactement dans *Combray*, comme lieu de désir et comme désir d'art. Pour le Narrateur enfant, qui s'émerveille d'aller passer ses prochaines vacances de Pâques à Venise, la cité prend la forme d'un « dessin du Titien qui est censé avoir pour fond la lagune », une idée de Venise « certainement moins exacte que celle que m'eussent donnée de simples photographies[202] ». Chez Proust, le désir a toujours besoin d'un medium pour s'exprimer, et ce medium, de manière générale, prend la forme de l'art, littérature, peinture, musique. Selon le même procédé rhétorique utilisé par Swann – trouvant soudain Odette belle après avoir découvert sa ressemblance avec un Botticelli –, le Narrateur enfant fait de Venise un objet d'idolâtrie en se répétant des phrases dont les guillemets indiquent au lecteur qu'il s'agit là, en fait, de citations : « Certes, quand je me répétais, donnant ainsi tant de valeur à ce que j'allais voir, que Venise était "l'école de Giorgione, la demeure de Titien, le plus complet musée de l'architecture domestique au Moyen Âge", je me sentais heureux[203] ». Et il atteint le « dernier degré de l'allégresse[204] » lorsqu'il a la révélation

> que sur les rues clapotantes, rougies du reflet des fresques de Giorgione, ce n'était pas, comme j'avais, malgré tant d'avertissements, continué à l'imaginer, les hommes « majestueux et terribles comme la mer, portant leur armure aux reflets de bronze sous les plis de leur manteau sanglant » qui se promèneraient dans Venise la semaine prochaine, la veille de Pâques, mais que ce pourrait être moi [...][205].

Bien que le nom de Ruskin ne soit jamais prononcé, le lecteur cultivé de l'époque – qui n'eût jamais visité la Sérénissime sans avoir en main

202 *Recherche*, t. I, p. 40.
203 *Ibid.*, p. 384.
204 *Ibid.*, p. 385.
205 *Ibid.*, p. 385-386.

Les Pierres de Venise –, aura facilement reconnu le style de Ruskin ; et il s'agit ici en effet d'un collage de différentes phrases[206] tirées du Venise ruskinien, *Les Pierres de Venise*, en traduction française (1906) par Mathilde Crémieux. Dans sa belle étude sur Proust, Venise et Ruskin, Edward Bizub remarque à ce sujet : « L'appropriation des descriptions de Ruskin par Proust nous montre à quel point l'expérience proustienne de la Cité des Doges est une expérience textuelle[207] ». Il faudrait cependant ajouter que cette « appropriation » vaut d'abord comme ironique distanciation de la part de Proust, c'est là l'enjeu des guillemets ! Proust, qui dans tant d'autres passages de la *Recherche* capture littéralement, sans guillemets, des formules ou des phrases ruskiniennes, indique ici clairement par ces signes typographiques que le Narrateur enfant, au début de son apprentissage, n'a pas une vision personnelle, mais une vision empruntée de la Cité des Doges ; il s'agit là d'une attitude éminemment fétichiste (propre à Swann, qu'imite ici le Narrateur) et qui consiste à percevoir le réel par les yeux d'un artiste.

Marquer l'inauthenticité de cette Venise culturelle, « ruskinienne » est d'une extrême importance pour Proust, si l'on considère que l'une des grandes leçons du *Temps retrouvé* est celle de l'expérience intérieure. L'accession à ce que j'ai véritablement vécu dans le Temps est indissociable de sa conversion au plus profond de moi : « Ce que nous n'avons pas eu à déchiffrer, à éclaircir par notre effort personnel, ce qui était clair avant nous, n'est pas à nous. Ne vient de nous-mêmes que ce que nous tirons de l'obscurité qui est en nous et que ne connaissent pas les autres[208] ».

Le danger de la seule érudition serait d'opacifier la perception. L'érudition éclaire certes la dimension matérielle des choses, mais elle ajoute une « couche » supplémentaire à cette matérialité. Or, c'est une perception toute personnelle qui permet d'accéder aux vraies joies que réserve Venise : Venise doit entrer en moi directement, sans intermédiaire. C'est tout le contraire de ce que fait le Narrateur enfant lorsqu'il

---

206 Les hommes imaginés ici par l'adolescent sont inspirés par ceux que décrit Ruskin dans *Les Pierres de Venise*, traduite par Mathilde Crémieux et préfacé par R. de la Sizeranne ; réédition par Jean-Paul Garcias, Paris, Hermann, 1986, p. 249. Voir à ce sujet les notes savantes par Francine Goujon dans *Recherche*, t. I, p. 1269-1270, notes 1, 2 et 3. Elle reproduit les passages empruntés à Ruskin et met en lumière le montage des citations de Ruskin.

207 Edward Bizub, 1991, *op. cit.*, p. 144.

208 *Recherche*, t. IV, p. 459.

s'enivre des phrases de Ruskin sur Venise. Il en sera puni ! Il est tout à fait significatif qu'il ne fasse pas le voyage projeté, celui qui aurait dû le mener dans cette Venise artistique et culturelle. Au moment où son père lui propose de faire ses valises, le Narrateur ressent une « sorte d'extase[209] ». La formule n'est pas anodine : c'est une fausse extase, elle se double d'une « vague envie de vomir[210] », métaphore du trop de savoir ruskinien, avidement ingurgité ; le Narrateur tombe malade, ce n'est que bien plus tard, après la mort d'Albertine, qu'il se rendra enfin à Venise :

> [...] on dut me mettre au lit avec une fièvre si tenace, que le docteur déclara qu'il fallait renoncer non seulement à me laisser partir maintenant à Florence et à Venise mais, même quand je serais entièrement rétabli, m'éviter d'ici au moins un an, tout projet de voyage et toute cause d'agitation[211].

Proust développe très tôt cette idée maîtresse, poursuivie jusqu'à la fin de son roman, que l'érudition ne doit pas se substituer au regard individuel, à ma propre réflexion sur l'objet d'art, ville, église, tableau, livre. Les connaissances érudites n'ont de valeur, nous dit Proust, qu'en transformant le regard que je pose sur moi-même et sur le monde, me révélant des domaines inconnus. Proust en sait quelque chose en effet, lui dont l'érudition fut immense, dépouillant des centaines d'ouvrages pour mener à bien ses traductions de Ruskin ! Et sa période ruskinienne ne fut-elle pas ce qu'il décrit ici (c'est d'ailleurs dans cette même page qu'il définit les « célibataires de l'art ») : « cette fuite loin de notre propre vie que nous n'avons pas le courage de regarder, et qui s'appelle l'érudition[212] » ? Car l'érudition est trop proche de la perception réaliste, trop éloignée de la métaphore salvatrice. Il faut insister sur l'extrême méfiance de Proust envers ce type de savoir – qu'il ridiculise à travers le personnage de l'universitaire Brichot –, envers tout ce qui relève d'une « vérité qui se laisse copier sur un carnet[213] ».

Dans ce que j'appelle « la leçon de Venise », l'erreur que Proust, à des fins didactiques, fait commettre au Narrateur enfant, est de croire qu'une perception étrangère, quelle qu'en soit la finesse, la justesse, saura nous révéler la « vérité » : vérité d'un tableau, d'un livre, vérité d'une ville.

209 *Recherche*, t. I, p. 386.
210 *Id.*
211 *Id.*
212 *Recherche*, t. IV, p. 470.
213 « Journées de lecture », *Pastiches et mélanges*, *CSB*, p. 183.

Dans les belles pages de *Sur la lecture*, la préface à sa traduction de *Sésame et les Lys* de Ruskin, Proust oppose de façon programmatique la lecture qui cherche dans les livres « un miel tout préparé par les autres[214] », à ce qu'il considère, lui, comme étant la bonne lecture : un sésame ouvrant « au fond de nous-même la porte des demeures où nous n'aurions pas su pénétrer[215] ». Le jeune Proust fustige déjà comme étant « malsains, ce goût, cette sorte de respect fétichiste pour les livres[216] » dont font preuve les « lettrés » que Ruskin tient en si haute estime, et qui seront ridiculisés à travers ces Verdurin, ces Cambremer, ou Legrandin, les nombreux célibataires de l'art qui peuplent *À la recherche du temps perdu.*

Il est significatif que plus tard, à l'âge adulte, la parenthèse de Venise dont la fascination ambiguë remonte d'abord à l'esthète anglais et aux toiles des grands peintres se ferme pour le Narrateur sur un échec, un désastre affectif, érotique et même touristique : Venise se dissout en des « fictions menteuses que je n'avais plus le courage d'inculquer aux pierres[217] », elle s'immobilise en des images desséchées, de fragmentaires « instantanés » extérieurs à soi. En revanche, c'est par le mécanisme de la mémoire involontaire, dans une recréation résolument personnelle, car sensorielle, au moment où le Narrateur trébuche sur les pavés mal équarris de la cour de l'hôtel de Guermantes, que la cité inauthentique s'efface. Il aura fallu cet instant d'inattention extrême, une perte de contrôle tant physique que mental pour que Venise échappe aux images mortifères. Entièrement dépouillée de ses références historiques et culturelles, elle fait irruption dans la cour parisienne comme métaphore azurée, vibrante, vivante, intime, pur espace sensoriel :

> La félicité que je venais d'éprouver était bien en effet la même que celle que j'avais éprouvée en mangeant la madeleine et dont j'avais alors ajourné de rechercher les causes profondes. La différence, purement matérielle, était dans les images évoquées ; un azur profond enivrait mes yeux, des impressions de fraîcheur, d'éblouissante lumière tournoyaient près de moi[218].

La mémoire involontaire opère ici avec le sens qui, dans la hiérarchie traditionnelle, est considéré avec le goût comme étant le moins noble,

---

214 *Ibid.*, p. 181.
215 *Ibid.*, p. 180.
216 *Ibid.*, p. 183.
217 *Recherche*, t. IV, p. 231.
218 *Ibid.*, p. 445.

le plus physique, en l'occurrence le toucher. Ce que ressent notre corps, au gré des hasards, ne nous transporte pas seulement d'un moment dans un autre, mais nous déplace encore, miraculeusement, d'un lieu vers un autre lieu : présent et passé, Paris et Venise se confondent ; la mémoire involontaire réussit tout à la fois à temporiser l'espace et à spatialiser le temps.

Et surtout : Venise n'est plus la ville faussée par d'autres, associée à d'autres, et elle n'est pas non plus un cadre réaliste : affranchie du culturel (de Ruskin), affranchie de l'affect (de la mère et d'Albertine), elle se transforme en une « Venise intérieure », sensations, joie. Proust écrit encore, autrement et magnifiquement dans le Cahier 57, cette révolution qui va de Ruskin l'initiateur, à la vraie Venise. Convertir le monde du dehors en un espace du dedans, tel est en effet le *credo* qui régira la conception proustienne de l'Art :

> Je repensais à Ruskin, qui m'avait fait croire à Venise avant de la voir, comme à un bon maître [...]. Mais je songerais que toutes les réminiscences qui en faisaient la beauté c'est dans mon âme qu'elles flottaient et que si jamais je pouvais espérer retourner dans ces jours de Venise, le seul quai d'embarquement où je dusse descendre pour cela était au fond de moi-même[219].

---

219 Cahier 57, f° 11, *Matinée chez la princesse de Guermantes*, Cahiers du *Temps retrouvé*, édition critique établie par Henri Bonnet et Bernard Brun, Paris, Gallimard, 1982, p. 153-154.

FIG. 1 – Giotto di Bondone (1266-1336), *La charité* (*Caritas*), 1305-1306, fresque. Chapelle des Scrovegni (également dénommée église de la Madone de l'Arena), Padoue. ©getty images / Mondadori Portfolio.

LE TABLEAU
DANS L'ESTHÉTIQUE PROUSTIENNE

UNE AFFAIRE DE VISION

Une métaphore revient inlassablement sous la plume de Proust pour décrire la fonction (commune[1]) du tableau et du livre : ils sont des « instruments optiques », qui nous apprennent à voir la véritable nature des choses que l'habitude, la raison avaient occultée ou faussée ; Proust dira du livre dans *Le Temps retrouvé*, et c'est bien le but qu'il attribue à son propre récit : « En réalité, chaque lecteur est quand il lit le propre lecteur de soi-même. L'ouvrage de l'écrivain n'est qu'une espèce d'instrument optique qu'il offre au lecteur afin de lui permettre de discerner ce que sans ce livre il n'eût peut-être pas vu en soi-même[2] ». De la même manière, assez étonnante, le tableau n'invite pas à être vu, il attire l'attention non pas sur sa plasticité propre mais sur la vie[3]. L'art remonte à la vie, réveille, révèle la vie à laquelle nous avions substituée une connaissance conventionnelle ; et c'est en révélant la vie, en nous montrant ce qu'elle est ou ce qu'elle pourrait être, que l'art, en quelque sorte, est supérieur à celle-ci[4].

---

1 Proust n'attache pas à la peinture une spécificité propre : « les peintres nous enseignent à la manière des poètes », écrit-il dans « Journées de lecture », *Pastiches et mélanges, CSB*, p. 177.

2 *Recherche*, t. IV, p. 489-490.

3 L'esthétique proustienne du « miroir » se trouve en quelque sorte résumée dans les pages qui décrivent le jeune Bergotte : ceux qui produisent des « œuvres géniales » sont ceux qui, cessant de vivre pour eux-mêmes, rendent « leur personnalité pareille à un miroir, de telle sorte que leur vie si médiocre d'ailleurs qu'elle pouvait être mondainement et même, dans un certain sens, intellectuellement parlant, s'y reflète, le génie consistant dans le pouvoir réfléchissant et non dans la qualité intrinsèque du spectacle reflété », *Recherche*, t. I, p. 545.

4 Je reprends dans les pages qui suivent différents éléments de mon article « Ruskin contre Sainte-Beuve : le tableau dans l'esthétique proustienne », *Littérature* 103, Paris, ©Armand Colin, 1996.

L'une des grandes idées, nous l'avons vu, de Ruskin sur l'art – celle qui marquera définitivement le jeune Proust et l'œuvre à venir –, est cette profonde conviction, toute platonicienne, que la beauté est cachée au fond des choses, que l'œuvre d'art est riche en enseignements divers sur le monde : elle nous rapproche du divin qui, au quotidien, nous échappe. À l'artiste, donc, de se faire l'intercesseur de cette beauté, de traduire ces univers, qui sans lui nous seraient restés inconnus : « la tâche et le devoir d'un grand écrivain sont ceux d'un traducteur[5] », écrit Proust, alors que lui-même traduisait, littéralement, l'ouvrage de Ruskin, *La Bible d'Amiens*.

L'immense pouvoir de révélation du tableau (et du peintre) commence par la position extrême incarnée par Ruskin : un tableau est pour lui admirable, écrit Proust, en fonction des renseignements qu'il fournit sur les réalités ; Ruskin va chercher des renseignements d'ornithologie dans les Carpaccio et « a poussé la théorie de l'œuvre d'art comme renseignement sur la nature des choses jusqu'à déclarer qu'un "Turner en découvre plus sur la nature des roches qu'aucune académie n'en saura jamais"[6] ». En langage proustien, le tableau est « miroir » ou « télescope » :

> L'amateur de peinture, qui fera un voyage pour voir un Monet représentant un champ de coquelicots, ne fera peut-être pas une promenade pour aller voir un champ de coquelicots, mais cependant, comme ces astrologues qui avaient une lunette dans laquelle ils voyaient toutes les choses de la vie [...], [les amateurs de peintures] ont dans des chambres des espèces de miroirs non moins magiques appelés tableaux, et dans lesquels, si l'on sait, en s'éloignant un peu, bien les regarder, d'importantes parties de la réalité sont dévoilées. Nous sommes là, penchés sur le miroir magique [...], tâchant de comprendre le sens de chaque couleur, chacune appelant dans notre mémoire des impressions passées[7].

Les grandes œuvres d'art, nous dit Proust, révèlent l'essence enchantée des choses, et cette essence est liée au Temps, à notre temps perdu, chaque couleur – à la manière des réminiscences de la mémoire involontaire –, ranimant le passé. Et, en tant que miroir, le tableau est bien supérieur à l'armoire à glace, qui dans la chambre du Grand Hôtel de Balbec,

---

5 John Ruskin et Marcel Proust, *La Bible d'Amiens*, *op. cit.*, p. 92.

6 « John Ruskin », *Pastiches et mélanges*, *CSB*, p. 108.

7 « Le peintre. Ombres – Monet », *Notes de date incertaine*, *CSB*, p. 675.

telle une marine, dessine un paysage de flots et de ciel, bien supérieur aux vitres du train qui se colorent de l'aube et dont le Narrateur essaie désespérément de recoller les mouvantes parties : le tableau est, lui, capable d'éterniser l'instant, de révéler le réel en y fixant le Temps.

Ce que Proust admire chez les peintres impressionnistes, comme Monet en particulier, ce que Narrateur admire dans les toiles d'Elstir, c'est une perception métaphorique des choses. Tout l'art de Proust, sa théorie et sa pratique esthétiques sont, en termes de style, fondées sur la métaphore[8], qui – de même la mémoire involontaire – opère une transmutation du réel en surimposant une sensation ou une impression à une autre selon un rapport d'analogie. C'est à travers cette perception métaphorique que le narrateur accède à « quelque essence générale, commune à plusieurs choses », et à l'extra-temporel.

Cette transmutation ou transsubstantiation du réel est également à l'œuvre dans le tableau. Métaphore, mémoire involontaire, tableau forment chacun ce qu'on pourrait appeler un doublet[9] : à chaque fois, deux éléments sont réunis selon un rapport d'analogie. Surimposition de deux images dans la métaphore, pour la création d'une troisième qui sera l'essence des deux autres, surimposition de deux sensations dans la mémoire involontaire pour le surgissement d'un hors temps, et surimposition du tableau au réel pour l'émergence d'un réel éclairci et authentique. Métaphore, mémoire involontaire, tableau sont des équivalents ; ils fonctionnent chez Proust comme les révélations des essences et du Temps. Mais, soulignons-le, il ne peut pas s'agir de tous les tableaux, ni de toute la peinture, car seuls intéressent Proust (et le Narrateur) ceux qui relèvent d'une recréation du réel à travers la perception métaphorique ; les fragments du monde deviennent alors « les images lumineuses d'une lanterne magique[10] » ; comme pour ces Elstir de la collection Guermantes qu'admire le Narrateur :

> Parmi ces tableaux, quelques-uns de ceux qui semblaient le plus ridicule aux gens du monde m'intéressaient plus que les autres en ce qu'ils recréaient ces

8 Pour l'analyse de la métaphore proustienne, l'étude de Gérard Genette reste fondamentale : « Métonymie chez Proust », *Figures III*, Paris, Seuil, 1972, ainsi que celle de Jean Milly, *Proust et le style*, Paris, Minard, 1970 ; Genève, Slatkine Reprints, 1990.

9 J'emprunte ce terme à Julia Kristeva, *Le Temps sensible. Proust et l'expérience littéraire*, Paris, Gallimard, 1994, p. 262 en particulier.

10 *Recherche*, t. II, p. 712.

> illusions d'optique qui nous prouvent que nous n'identifierions pas les objets si nous ne faisions pas intervenir le raisonnement. [...] Dès lors n'est-il pas logique, non par artifice de symbolisme mais par retour sincère à la racine même de l'impression, de représenter une chose par cette autre que dans l'éclair d'une illusion première nous avons prise pour elle ? Les surfaces et les volumes sont en réalité indépendants des noms d'objets que notre mémoire leur impose quand nous les avons reconnus. Elstir tâchait d'arracher à ce qu'il venait de sentir ce qu'il savait[11].

ELSTIR, UN ART RUSKINIEN

Le « charme » des peintures d'Elstir (qui reprend à Turner la fameuse phrase « je peins ce que je vois, non ce que je sais ») consistera donc « en une sorte de métamorphose des choses représentées, analogue à celle qu'en poésie on nomme métaphore et que si Dieu le père avait créé les choses en les nommant, c'est en leur ôtant leur nom, ou en leur en donnant un autre qu'Elstir les recréait[12] ». Le terme de « métamorphose » implique que le tableau n'est pas un équivalent du réel : Proust rejette violemment littérature et art « réalistes » qui, dit-il, se contentant de « décrire les choses[13] », coupent la communication de notre moi présent avec le passé. Le tableau doit être dans un rapport non pas d'équivalence mais d'analogie avec le réel, ce qui veut dire que des éléments de différence doivent être inclus et repérables dans la relation instaurée entre les deux éléments. Sinon, pas de métamorphose et, par là même, pas d'« essence ». Cela explique, pour la création d'Elstir, le choix de l'impressionnisme comme modèle. En effet, à travers erreurs optiques et vérités sensibles, pour parler en termes métaphysique proustiens, ou, plus techniquement, grâce à des jeux de lumière et de reflets, l'impressionnisme est assez proche et assez éloigné de notre représentation habituelle des choses pour réussir cette sorte de divinisation de la vie qui émerveille Proust : « Les tableaux de Monet nous montrent dans Argenteuil, dans Vétheuil, dans Epte, dans Giverny l'essence enchantée. Alors nous partons pour ces lieux bénis. [...] Il nous fait adorer un champ, le ciel, une plage, une rivière comme des choses divines vers lesquelles nous voulons aller[14] ».

---

11 *Ibid.*, 712-713.
12 *Ibid.*, p. 191.
13 *Recherche*, t. IV, p. 463.
14 « Le peintre. Ombres – Monet », *Notes de date incertaine, CSB*, p. 676.

Ceci exclut bien entendu une série de peintures, et en particulier diverses écoles picturales, contemporaines de la *Recherche*, comme les Nabis, le cubisme, qui eurent sans doute pour Proust le défaut majeur de tirer le réel vers l'abstraction, de trop métamorphoser la vie et surtout de ne pas être une peinture du reflet et de la lumière : reflet dans lequel on peut saisir la forme du *doublet* réalisé par la métaphore proustienne, lumière qui théologiquement nimbe tout divinité et accompagne toute « vision ».

La position de Proust est particulièrement ambiguë lorsqu'il s'agit de déterminer le rapport entre, d'une part la technique, le style, et d'autre part, la vision, l'essence. Proust a si bien assimilé les leçons de Ruskin et la philosophie de l'art du XIXe siècle, qu'il va, à travers Elstir, faire de l'impressionnisme une affaire de perception ou de vision, alors que le groupe impressionniste, lui, ne cesse justement d'affirmer le contraire : la picturalité de la peinture, la mise en œuvre de techniques particulières.

Des premiers écrits sur l'art, aux tableaux d'Elstir, il est frappant de constater – comme l'ont fait avant nous Anne Henry[15] et Vincent Descombes[16] – que chez Proust la palette du peintre, la composition du tableau, bref les moyens matériels qui concrétisent la vision ne sont jamais explicités, que l'enchantement provoqué par les tableaux n'est jamais lié à leur matérialité, leur picturalité. Proust ne peut être plus clair à ce sujet que dans ces phrases qui ouvrent son étude de jeunesse sur Rembrandt :

> Les musées sont des maisons qui abritent seulement des pensées. Ceux qui sont le moins capables de pénétrer ces pensées savent que ce sont des pensées qu'ils regardent dans ces tableaux placés les uns après les autres, que ces tableaux sont précieux, et que la toile, les couleurs qui s'y sont séchées et le bois doré lui-même qui l'encadre ne le sont pas[17].

---

15 Voir l'article d'Anne Henry qui met en lumière l'absence de picturalité dans les tableaux d'Elstir et l'absence d'analyse plastique de la part de Proust : « Quand une peinture métaphysique sert de propédeutique à l'écriture : les métaphores d'Elstir dans *À la recherche du temps perdu* », dans *La Critique artistique, un genre littéraire*, éd. Jean Gaulmier, Presses universitaires de France, 1983, p. 205-226.

16 Vincent Descombes, à la suite d'Anne Henry, insiste dans son chapitre intitulé « Dans l'atelier d'Elstir » sur le fait que « Proust parle du regard d'Elstir, non de sa main ou de sa palette », 1987, *op. cit.*, p. 281.

17 « Rembrandt », « Essais et articles », *CSB*, p. 659.

C'est dire encore que Proust, qui imite *Les Phares* de Baudelaire dans ses *Portraits de peintres*[18] et s'inspire des *Salons* dans ses premiers articles, ne tient pas compte de la frappante formule de l'auteur des *Fleurs du mal* dans son *Salon de 1846* : « La peinture n'est intéressante que par la couleur et la forme[19] ». Alors qu'Elstir peut-être rattaché à une école picturale précise, celle de l'impressionnisme, alors qu'il évoque des Monet, des Turner, des Whistler, de par les sujets choisis – *Port de Carquethuit*, *Miss Sacripant*, *Falaises de Creuniers* – et de par une optique (impressionniste) qui privilégie ce que l'on voit sur ce que l'on sait, Proust néglige l'importance que les impressionnistes accordent, c'est là justement leur révolutionnaire nouveauté, au pictural par rapport au sujet ; la célèbre définition que le peintre et théoricien Maurice Denis donnait du tableau en 1890 étant bien : « Surface plane recouverte de couleurs en un certain ordre assemblées[20] ».

On apprend certes que les peintures d'Elstir sont une sorte de « métamorphose » du réel, mais il n'est jamais question des détails techniques qui auraient pu nous faire voir plastiquement cette métamorphose ; ainsi, pour le fameux *Port de Carquethuit*, les couleurs ne sont pas nommées, elles ont été remplacées par des métonymies, comme « mousse », « brouillard », « neige », « écume ». L'impressionnisme est toujours pour Proust une perception individuelle de la réalité, et non pas une technique particulière (comme cette décomposition des couleurs et des contours qui furent propres à Monet). Dans la *Recherche*, la description des tableaux par Proust s'arrête ainsi, en quelque sorte, avant l'*ekphrasis*[21] (qu'il pratiqua on s'en souvient dans ses textes de jeunesse) et il est bien difficile pour le lecteur de se représenter concrètement les fameuses toiles d'Elstir.

Alors que dehors l'art fait sa révolution, les Futuristes, les Nabis, les Cubistes se succédant, Proust s'arrête aux tableaux de sa jeunesse et choisit comme modèle de peinture un art, l'impressionnisme, qui n'est

18 Voir Leo H. Hoek, « Les "Minutes profondes" de Marcel Proust », dans Proust *contemporain*, éd. Sophie Bertho, Amsterdam-Atlanta, Rodopi/Brill, 1994, p. 103-116 ; J. Theodore Johnson, « Proust's Early Portraits de peintres », *Comparative Literature Studies*, IV, 1967, p. 397-408 et du même auteur « Tableaux de genre du souvenir, la peinture hollandaise et flamande dans l'œuvre de Proust », dans éd. Sophie Bertho, 2000, *op. cit.*, p. 103-117.

19 Charles Baudelaire, *Salon de 1846*, début du chapitre XIII, « De M. Ary Scheffer et des singes du sentiment ».

20 Dans la Revue *Art et Critique* du 30 août 1890.

21 Le terme *ekphrasis* a été remis à l'honneur avec le développement, depuis une trentaine d'années, des études interarts. Voir la définition que j'en propose dans le prochain chapitre.

plus véritablement contemporain[22] et dont il donne une interprétation très personnelle, soumise à sa propre esthétique. Proust ne s'intéresse qu'aux seuls tableaux qui s'intègrent dans celle-ci, qui sont susceptibles de transformer notre vision de la réalité et il récuse, par ailleurs, la représentation réaliste de la réalité, celle qui ne transfigure pas, la représentation « à la Sainte-Beuve ».

Dans la métaphore proustienne, dans le reflet impressionniste, dans la « couche » qui pour Bergotte rendra la phrase précieuse, bref dans ces superpositions, qui rappellent les interférences de lieu et de temps dans la mémoire, s'inscrit l'idée d'une profondeur qui s'oppose à ce qui est plane, descriptif, comme cette littérature réaliste que Proust, visant Zola, traite avec mépris de « misérable relevé de lignes et de surfaces[23] ». Il est significatif que Proust reproche à Balzac (qu'il aime pourtant) un style qui « ne reflète pas », pour admirer d'autant plus le style de Flaubert : « toutes les parties de la réalité sont converties en une même substance, aux vastes surfaces, d'un miroitement monotone. Aucune impureté n'est restée. Les surfaces sont devenues réfléchissantes. Toutes les choses s'y peignent, mais par reflet[24] ». Le mot « profondeur », l'adjectif « profond » sont des termes récurrents et essentiels chez Proust quand il s'agit d'art. Privilégiés par Ruskin, ils sont très présents chez les romantiques allemands, chez Fichte, chez Schelling dont les thèses eurent une influence déterminante sur l'esthétique proustienne[25].

La « profondeur » a un sens très particulier chez Proust : elle n'a rien à voir avec une quelconque substance immuable, elle n'est ancrée nulle part, elle se situe dans le Temps créé par le miroir, le reflet ou la métaphore, et elle est toujours associée à la recréation[26] du réel par le sensible, c'est-à-dire par les sens ou par l'Art. C'est là l'une des grandes révélations du *Temps retrouvé* :

---

22 Anne Henry insiste dans son article (1983, *op. cit.*) sur cet aspect « légèrement rétrograde » des choix effectués par Proust en matière de peinture, en particulier p. 209-213.

23 *Recherche*, t. IV p. 463.

24 « Sainte-Beuve et Balzac », *Contre Sainte-Beuve*, *CSB*, p. 269.

25 Voir Anne Henry, 1981, *op. cit.* Voir aussi Jean-Yves Tadié qui, dans sa biographie de Proust, met en lumière de manière inédite l'importance des Anglais Carlyle et Emerson : ils introduisent Proust à la philosophie allemande et, aussi, lui font aimer Ruskin, *op. cit.*, p. 413-435.

26 « Quant aux vérités que l'intelligence – même des plus hauts esprits – cueille à claire-voie, devant elle, en pleine lumière, leur valeur peut être très grande ; mais elles ont des contours plus secs et sont planes, n'ont pas de profondeur parce qu'il n'y a pas eu de profondeurs à franchir pour les atteindre, parce qu'elles n'ont pas été recréées », *Recherche*, t. IV, p. 477.

> La réalité à exprimer résidait, je le comprenais maintenant, non dans l'apparence du sujet mais à une profondeur où cette apparence importait peu, comme le symbolisaient ce bruit de cuiller sur une assiette, cette raideur empesée de la serviette, qui m'avaient été plus précieux pour mon renouvellement spirituel que tant de conversations humanitaires, patriotiques, internationalistes et métaphysiques[27].

RUSKIN CONTRE SAINTE-BEUVE

Proust ne cessera d'opposer la méthode ruskinienne, qu'il a fait si totalement sienne et selon laquelle la représentation du monde n'est jamais une *mimesis* directe de l'apparence, à la méthode de Sainte-Beuve qui, elle, procède avec des informations brutes. Pour Proust, Sainte-Beuve recueillant des informations auprès des proches des écrivains qu'il souhaite commenter, fait de la « psychologie plane », et « en aucun temps de sa vie [...] ne semble avoir conçu la littérature d'une façon vraiment profonde. Il la met sur le même plan que la conversation[28] ». Et ce n'est pas un hasard si l'arrêt du plan du roman futur se fait dès le printemps 1909, c'est-à-dire coïncide avec la période à laquelle Proust rédigeait son essai du *Contre Sainte-Beuve.* Plus tard, dans son roman, Proust juxtaposera deux recherches différentes de la vérité, celle de Ruskin contre celle de Sainte-Beuve.

Les livres de Sainte-Beuve, nous dit Proust, et plus que tous, celui sur *Chateaubriand et son groupe littéraire*, « ont l'air de salons en enfilade où l'auteur a invité divers interlocuteurs, qu'on interroge sur les personnes qu'ils ont connues, qui apportent leurs témoignages destinés à en contredire d'autres[29] ». Et c'est à la manière Sainte-Beuve que les personnages de la *Recherche* poursuivent, en vain, ce qu'on leur cache, la vérité de ceux qu'ils aiment. C'est l'enquête que mène Swann sur Odette, celle du Narrateur traquant Albertine ou celle de Saint Loup sur Rachel ; enquêtes où les informations – qu'on pense à Aimé pistant les fréquentations d'Albertine –, s'accumulent et se contredisent, recherche de la vérité qui n'aboutit jamais, débouchant seulement sur le temps perdu et les déceptions, « toutes les déceptions de ma vie en tant que vécue[30] ».

---

27 *Recherche*, t. IV, p. 461.

28 « La Méthode de Sainte-Beuve », *Contre Sainte-Beuve, CSB*, p. 225.

29 *Ibid.*, p. 231.

30 *Recherche*, t. IV, p. 456.

Comme si souvent chez Proust, l'œuvre devance la vie. On se souviendra de la légendaire erreur sainte-beuvienne que fit Gide, refusant en 1912 *Du côté de chez Swann* ; il l'avouera plus tard à Proust : « Pour moi, vous étiez resté celui qui fréquente chez Mme X ou Y, et celui qui écrit dans *Le Figaro*. Je vous croyais, vous l'avouerai-je du côté de chez Verdurin ! Un snob, un mondain amateur – quelque chose d'on ne peut plus fâcheux pour notre revue[31] ». La vérité de nombreux personnages de la *Recherche* – celle d'Elstir qui se cache sous l'horripilant « Monsieur Tiche », ou celle du compositeur Vinteuil, cette « vieille bête » –, pour être amenée à la lumière doit d'abord dépasser l'erreur sainte-beuvienne, celle que le critique fit sur Baudelaire et qui affligea tellement Proust : Vinteuil, « vu à la Sainte-Beuve » par ses voisins de Combray, par Swann (qui ne peut imaginer Vinteuil comme étant l'auteur de la lumineuse sonate), se présente comme un personnage effacé dont on ne connaît que de médiocres compositions. Ce sont ses œuvres posthumes qui révèleront le compositeur magnifique.

En revanche, et à l'opposé donc de l'approche directe et « présentifiée » d'un Sainte-Beuve, la recherche de la vérité des choses pour Proust (suivant Ruskin pour qui la vérité est toujours « dissimulée ») se situe, en profondeur, du côté des réminiscences. Il faut chercher la raison de l'immense joie ressentie lors des hasards de la mémoire involontaire ; et cette recherche a pour finalité l'apothéose de l'art : « la vie pleinement vécue, c'est la littérature[32] ». Phrase qu'il ne faut pas interpréter dans le sens d'une supériorité de l'art sur la vie (la vie serait fade, l'art fascinant) mais comprendre littéralement : peindre-regarder un tableau, écrire-lire un livre, composer-écouter un morceau de musique, c'est « éclaircir » et réinventer sa vie, détenir le pouvoir de la « ramener au vrai de ce qu'elle était, elle qu'on fausse sans cesse[33] ». C'est seulement ainsi que les peintres, les écrivains et les compositeurs sont en effet des « traducteurs[34] ».

31 *Corr.* t. XIII, p. 53.
32 *Recherche*, t. IV, p. 474.
33 *Recherche*, t. III, p. 337.
34 Voir à ce sujet le bel entretien de Julia Kristeva avec Danièle Sallenave, « L'Expérience littéraire », *L'Infini* 53 (1996), p. 38-39.

LA DÉBÂCLE DE L'*EKPHRASIS*

Que Proust soit bien un théoricien, impossible de le mettre en doute : Proust invite son lecteur à philosopher, à lire son roman selon une perspective philosophique et à en tirer des réflexions qui dépassent l'ordre de la narration et de la fiction. À peine entre-t-on dans *À la recherche du temps perdu* qu'on est frappé par le grand nombre de digressions théoriques à caractère psychologique et esthétique, qui élèvent les digressions concrètes à un niveau de généralité. Parvenu à la fin, on lit avec étonnement la deuxième moitié du *Temps retrouvé* où la réflexion philosophique s'intensifie de telle manière que le lecteur est amené à interpréter tout ce qu'il a lu à la lumière de cette réflexion et à conférer rétroactivement au livre entier la signification suggérée par les deux cent dernières pages. Proust le dit clairement dans la lettre devenue célèbre, qu'il adressa le 7 février 1914 à Jacques Rivière[35] ; il se plaint des lecteurs qui croient, après la parution du premier volume, qu'il s'agit là de souvenirs de « jours vécus » et il se félicite de trouver en Rivière un lecteur qui « devine que mon livre est un ouvrage dogmatique et une construction ! ». Les autres doivent patienter, attendre le dernier volume : « Ce n'est qu'à la fin du livre, et une fois les leçons de la vie comprises, que ma pensée se dévoilera ». Cette fin, nous savons qu'elle fut rédigée longtemps avant le reste, c'est-à-dire avant les volumes qui présenteraient « les leçons de la vie ».

Le lecteur a ainsi spontanément envie de prendre comme point de départ les indications fournies par l'auteur et de lire la *Recherche* à partir des théories proustiennes sur la mémoire, présentées tout au long du roman, et celles sur l'art qui apparaissent en particulier dans *Le Temps retrouvé*. Ce serait une erreur : en effet, l'application de la « théorie » à l'œuvre n'a pas été pour Proust sans tâtonnements ni difficultés. Il est passionnant de suivre l'*individuation* spectaculaire de Proust dans son approche de la peinture.

On connaît depuis des siècles la difficulté posée par la description « objective » d'un tableau : ce que l'on « voit » ne va pas de soi, car le regard opère un choix, et ce choix peut être erroné, avoir pour conséquence de « manquer » le tableau. L'*ekphrasis*, selon laquelle l'écrivain se fait

35 Marcel Proust et Jacques Rivière, *Correspondance 1914-1922* présentée et annotée par Philippe Kolb, Plon, 1935, p. 2-3.

l'équivalent du peintre et « peint » avec son style, a longtemps été perçue comme une solution. Proust a fréquemment recours, entre 1890 et 1910, à cette manière de faire « parler la peinture » : dans ses textes de jeunesse, dans des brouillons destinés à *Jean Santeuil*, et même bien plus tard, comme en témoignent certains avant-textes de la *Recherche*, en particulier les brouillons du Cahier 28 (1910) concernant plus particulièrement Monet. C'est seulement dans le texte « définitif » de la *Recherche* que les *ekphraseis* disparaissent, que les tableaux – ainsi les fameuses allégories de Giotto –, perdent leur autonomie. Pour comprendre plus précisément ce processus et la position de Proust par rapport à l'*ekphrasis*[36] – à laquelle, à notre connaissance, la critique ne s'est guère intéressée[37] – il faut s'arrêter à cette forme de « parler peinture ». En rejetant finalement l'*ekphrasis*, si volontiers utilisée par ses contemporains, en détournant l'art pictural au profit de son récit, nous verrons que Proust affirme définitivement sa modernité.

L'*EKPHRASIS* EN QUESTION

Le terme d'*ekphrasis* n'a jamais connu une définition nette et sans ambiguïté, les difficultés terminologiques étant d'ailleurs différentes pour l'Antiquité et les temps modernes. Autrefois, l'*ekphrasis* désignait la description, rhétoriquement ornée, de tout objet digne d'admiration – la nature, les bâtiments, le corps humain, les tableaux, etc. – et s'opposait donc à la description sèche et « objective », comme on en trouvait dans les récits de voyage[38]. Aujourd'hui la critique l'utilise dans

36 J'ai traité le rapport de Proust à l'*ekphrasis* dans trois articles que je reprends dans ce chapitre : « Les Anciens et les modernes : La question de l'*ekphrasis* chez Goethe et chez Proust », *Revue de littérature comparée* 1, Paris, ©éditions Klinksieck, 1998, p. 54-62 ; ensuite, « Proust, Monet et la débâcle de l'*ekphrasis* », dans *Proust und die Medien*, éd. Uta Felten et Volker Roloff, Munich, ©Wilhelm Fink Verlag (Brill Deutschland GmbH, Paderborn, Deutschland), 2005, p. 21-30 et enfin : « Proust, peinture, modernité », dans *Proust in der Konstellation der Moderne / Proust et la constellation des modernes*, éd. Sophie Bertho et Thomas Klinkert, Berlin, ©Erich Schmidt, 2013, p. 167-176.

37 Si l'on excepte l'article de Luzius Keller qui traite bien de l'*ekphrasis* chez Proust, mais sous un tout autre angle que le nôtre : « *Ekphrasis*, Prosopopöie und Pastiche. Zur Rhetorik der Bildbeschreibung bei Marcel Proust », dans *Werk und Diskurs, Festschrift Karlheinz Stierle zum 60. Geburtstag*, éd. Dieter Ingenschay et Helmut Pfeiffer, Wilhelm Fink, 1999, p. 343-354.

38 De Pausanias par exemple ; voir à ce sujet Otto Schönberger : « Die „Bilder"des Philostratos », dans *Beschreibungskunst – Kunstbeschreibung, Ekphrasis von der Antike bis zum Gegenwart*, éd. Gottfried Böhm & Helmut Pfotenhauer, Wilhelm Fink, Munich, 1995, p. 157-158. Pour les usages du terme *ekphrasis* dans l'Antiquité, on consultera l'article « *Ekphrasis* » de

un sens plus limité, l'*ekphrasis* ne peut renvoyer qu'à un tableau, mais la manière dont elle le fait varie énormément ; il n'y a pas de consensus autour de l'*ekphrasis*, et il y a, à présent, inflation du terme. En effet, un certain nombre de descriptions isolées peuvent constituer aujourd'hui encore, dans la tradition de Philostrate, un recueil autonome d'*ekphraseis*, comme chez Claudel par exemple dans *L'Oeil écoute*. Mais des descriptions détaillées de tableaux, insérées dans le roman, comme chez Huysmans ou Thomas Mann, seront appelées du même nom, ou encore des poèmes décrivant des tableaux comme chez Rilke ou Aragon[39], ainsi que de simples allusions picturales chez Proust[40].

Devant une telle profusion, il convient de prendre position et de préciser le sens que l'on entend donner au terme. De l'usage moderne, je garderai uniquement la restriction sémantique au tableau[41], de l'usage ancien je retiendrai l'aspect rhétorique, donc nécessairement littéraire. À cette fin, il est sans doute utile de mettre en lumière un certain nombre de traits caractéristiques de l'*ekphrasis* antique.

L'*ekphrasis* s'oppose à la description objective[42] des œuvres d'art telle qu'on la trouvait autrefois dans les récits de voyage et qui s'insère

---

Glanville Downey dans *Reallexikon für Antike und Christentum*, vol. 4, Anton Hiersemann, Stuttgart, 1959, p. 921-944. Parmi la très abondante littérature consacrée à l'*ekphrasis*, on retiendra l'ouvrage de référence de Murray Krieger : *Ekphrasis : The Illusion of the Natural Sign*, Baltimore et Londres, The Johns Hopkins University Press, 1992 et le compte-rendu de cet ouvrage par James Heffernan dans *Semiotica* 98 (1994), p. 219-228, ainsi que l'état présent qu'il propose dans *The Museum of Words. The Poetic of Ekphrasis from Homer to Ashbury*, Chicago, The Universiy Press of Chicago, 1993. *Cf.* également Áron Kibédi Varga, *Récit, discours, image*, Liège-Bruxelles, Pierre Mardaga, 1989.

39 Les recueils de Rilke (*Stundenbuch*, *Neue Gedichte*) contiennent toujours des poèmes consacrés à des tableaux. Pour Aragon, voir par exemple *Celui qui dit les choses sans rien dire* (Paris, Maeght, 1975), vingt-cinq poèmes consacrés à une exposition de Chagall. Ces poèmes contiennent d'ailleurs un certain nombre des procédés rhétoriques que l'on relève chez Philostrate. Les Allemands se servent dans ce cas du terme *Bildgedicht*. Voir Gilbert Kranz, *Das Bildgedicht : Theorie, Lexicon, Bibliographie*, 3 vol., Cologne, Bohlau, 1981-1987.

40 Voir Michael Riffaterre, « L'Illusion d'*ekphrasis* » dans *La Pensée de l'image : signification et figuration dans le texte et la peinture*, éd. Gisèle Mathieu-Castellani, Paris, Presses universitaires de Vincennes, 1994, p. 213.

41 On exclut donc la description d'une image naturelle, d'un paysage par exemple. En revanche, il faut sans doute considérer des poèmes voués à des œuvres d'art non picturales comme des poèmes ekphrastiques : *cf.* les sonnets d'Henri de Régnier, bien connus de Proust, faisant l'éloges des dentelles : *Le Miracle du fil, seize sonnets d'Henri de Régnier*, 1927 ; réédition Paris, Hachette BNF, 2019.

42 Objectivité toute relative ! De telles descriptions suivent, elles aussi, certaines règles de disposition et de composition et sont souvent introduites et conclues par des considérations

aujourd'hui aussi bien dans les guides touristiques que dans les travaux d'histoire de l'art. Une description objective cherche à rester neutre, son effet sur le lecteur est beaucoup plus faible que l'effet direct du tableau sur le spectateur. Dans les discussions traditionnelles (chez Léonard de Vinci, Félibien ou Lessing) sur le mérite respectif des arts, l'un des grands arguments en faveur de l'image, sa supériorité sur le mot est précisément son effet rhétorique immédiat, l'émotion plus forte qu'elle est à même de produire, bref son emprise sur les passions des spectateurs.

L'*ekphrasis* réussie est par conséquent une transposition verbale plus fidèle que la description dite objective, parce qu'elle entend prendre en charge, au-delà de l'information stricte, les connotations pathético-rhétoriques que l'œuvre d'art voulait communiquer. Elle traduit une impression visuelle, liée à la disposition spatiale, en une impression orale, liée au déroulement temporel. L'espace une fois abandonné, la rhétorique des passions ne peut évidemment avoir le même impact direct, elle se manifeste donc, dans le temps, par deux procédés autres, que Proust suivra fidèlement dans ses écrits de jeunesse sur la peinture : la narrativisation et l'apostrophe.

En effet, le tableau devient, dans la description, le centre, le moment suprême d'une action que le spectateur, devenu auditeur ou lecteur, est censé connaître. Les *Images* de Philostrate[43] décrivent des tableaux – existants ou inexistants – qui ont des sujets mythologiques bien connus du public cultivé contemporain : Phaéton, Sémélé, Narcisse, etc. Il est clair que Philostrate, en introduisant dans ses descriptions des temps du passé et du futur, fait allusion à certains éléments du récit mythique qui ne sont pas représentés sur le tableau ; il le narrativise. L'image spatiale entre dans un contexte temporel. En renvoyant à un avant et un après, à un hors-tableau antérieur et postérieur, Philostrate présuppose en même temps, de la part du lecteur-auditeur, un savoir mythologique et littéraire – Sophocle et Homère semblent être en jeu – que le tableau ne fournit pas. Et Proust, pour décrire les tableaux de Chardin, utilise le stratagème narratif d'une promenade au Louvre en compagnie d'un jeune homme :

---

esthétiques ou interprétatives dont l'objectivité n'est jamais certaine ; les trois phases du travail iconologique, postulées par Panofsky pour l'analyse des tableaux dans l'histoire de l'art, en sont ici un bel exemple.

43 Voir la réédition par François Lissarague des *Images* (réédition qui corrige la traduction d'Auguste Bougot publiée en 1881) : *Philostrate l'Ancien* : *La Galerie de tableaux*, Les Belles Lettres, Paris, 1991.

> Si je connaissais ce jeune homme, je ne le détournerais pas d'aller au Louvre et je l'y accompagnerais plutôt ; mais le menant dans la galerie Lacaze et dans la galerie des peintres français du XVIIIe siècle, ou dans telle autre galerie française, je l'arrêterais devant les Chardin[44].

La figure de l'apostrophe ne fait pas partie de la description mais elle fait partie intégrante de l'*ekphrasis.* L'apostrophe interrompt la description ou le récit pour permettre à l'auteur d'échapper à l'artifice du discours à la troisième personne et de s'adresser directement au lecteur-auditeur. L'apostrophe demande au lecteur de quitter momentanément le texte, d'entrer, au-delà de celui-ci, en contact direct avec l'auteur et de réfléchir avec lui sur l'intérêt et la valeur de ce qu'il est en train de lire. Dans les tableaux religieux anciens, on voit souvent des personnages en marge, près du cadre, qui semblent inviter le spectateur à méditer le mystère représenté au centre du tableau ; ces « commentateurs » – comme on les appelle dans l'histoire de l'art – nous apostrophent. Philostrate s'adresse directement à son lecteur et lui propose des réflexions méta-discursives : le lecteur doit un instant se détourner du tableau, afin de se rendre compte que le sujet représenté est noble et terrifiant, digne de la tragédie. De la même manière, Proust interpelle très fréquemment le lecteur lorsqu'il décrit les natures mortes de Chardin :

> Vous l'éprouvez déjà inconsciemment, ce plaisir que donne le spectacle de la vie humble et de la nature morte, sans cela il ne se serait [pas] levé dans votre cœur. Quand Chardin avec son langage impératif et brillant est venu l'appeler. Votre conscience était trop inerte pour descendre jusqu'à lui. Il a dû attendre que Chardin vînt le prendre en vous pour l'élever jusqu'à elle. Alors vous l'avez reconnu et pour la première fois vous l'avez goûté[45].

L'*ekphrasis* naît au moment de la seconde sophistique, c'est-à-dire au moment où la philosophie se rend compte de la puissance de la parole, qui devient, grâce à la rhétorique, un art et une arme redoutable. La peinture avait été jusque-là le champ des grandes rivalités entre artistes : les anecdotes racontées par Pline l'Ancien au sujet d'Apelle, de Zeuxis, de Parrhasios en apportent de nombreux témoignages ; les exploits artistiques les plus extraordinaires – les oiseaux se précipitant sur les raisins de Zeuxis, le cheval qui se met à hennir devant un tableau

---

44 « Chardin et Rembrandt », *Essais et articles, CSB*, p. 373.
45 *Ibid.*, p. 374.

d'Apelle – s'inscrivent toujours dans le cadre de la compétition entre artistes. Avec l'*ekphrasis*, les artisans de la plume entrent à leur tour en lice, ils cherchent à battre les artisans du pinceau sur leur propre terrain : le discours dépassera le tableau, la parole peindra mieux que la peinture[46]... Voici le début du *paragone* millénaire. Non seulement au temps de Proust mais encore de nos jours, l'écrivain qui décrit un tableau relève, qu'il en soit conscient ou non, le même défi.

Rhétorisation de la description – grâce aux deux procédés de la narrativisation et de l'apostrophe –, compétitivité des peintres et des écrivains : voici les deux traits principaux de l'activité ekphrastique depuis l'Antiquité jusqu'à nos jours. Quant à la présentation du texte ekphrastique, il convient de retenir un troisième point : la sérialité. L'*ekphrasis* se présente rarement seule, elle fait généralement partie d'une série. Le narrateur, ou le personnage – comme s'y emploie Proust dans ses « Portraits de peintres[47] », dans « Chardin et Rembrandt[48] » ou « Un amateur de peinture. – Monet, Sisley, Corot[49] », semble marcher dans une galerie et commenter les tableaux dans l'ordre où ils se présentent[50]. Cet ordre est-il arbitraire ou dépend-t-il du goût du collectionneur, du format des tableaux, c'est-à-dire de circonstances historiques qu'il est impossible de reconstituer après des siècles ? Cette question a été maintes fois traitée par les nombreux commentateurs de Philostrate.

DE GOETHE À PROUST : COMMENT ÉCRIRE LA PEINTURE ?

L'*ekphrasis*, telle que Proust s'y adonne dans ses écrits de jeunesse (son étude sur « Chardin et Rembrandt » constitue un modèle du texte ekphrastique) est au seuil de la modernité un genre indépendant, un moyen puissant de reconstituer par la parole des tableaux absents ou disparus et elle peut être intégrée dans des discours plus vastes, en particulier dans le roman. Il est tout à fait significatif à cet égard de comparer Proust et Goethe, l'attitude de deux grands écrivains de la modernité, qui se sont tous les deux passionnément intéressés aux beaux-arts. Goethe, l'un des derniers Anciens,

46 Voir l'article de Áron Kibédi Varga, « De Zeuxis à Warhol : les figures du réalisme », *Protée* 1, 1996, p. 101-109.

47 « Portraits de peintres », *Les Plaisirs et les Jours, JS*, p. 80-82.

48 « Chardin et Rembrandt », *Essais et articles, CSB*, p. 372-382.

49 « Un amateur de peinture. – Monet, Sisley, Corot », *Jean Santeuil, JS*, p. 890-895.

50 *Cf.* Otto Schönberger, *op. cit.*, p. 164.

accorde à l'*ekphrasis* classique une place de choix dans son système esthétique ; Proust, résolument Moderne, lui enlève en revanche toute autonomie. C'est en l'intériorisant entièrement, en la soumettant à sa démonstration, qu'il lui donne dans sa philosophie du roman une force extraordinaire.

Goethe dit avoir été fasciné pendant de longues années par les *Images* de Philostrate et il en publie en 1818 une version remaniée, *Philostrats Gemälde*. Il estime en effet que l'ordre de la présentation chez l'auteur grec est confus et il en propose un autre, un assemblage plus rationnel, thématiquement plus clair ; d'autre part, il ajoute un certain nombre d'*ekphraseis* de son propre cru qui introduisent, à côté des Grecs, quelques Italiens de la Renaissance, dont plus particulièrement Titien.

Goethe s'intéresse à l'*ekphrasis* en tant que savant et en tant que poète. Goethe le savant, admirateur de Winckelmann, à qui il consacre une longue étude en 1805, veut ressusciter la peinture grecque. La galerie de Philostrate permettrait de remédier en principe à une perte particulièrement douloureuse, la disparition totale de la peinture ancienne, et de reconstituer par la parole l'un des volets perdus du grand art grec. L'ensemble des descriptions offre l'équivalent verbal d'une galerie de peinture idéale. Et non seulement verbal : si la peinture grecque a disparu, Philostrate, une fois amélioré, fournit dans l'optique de Goethe, une chance extraordinaire aux graveurs et aux peintres d'aujourd'hui de recréer, à partir de ces descriptions verbales, l'admirable peinture ancienne : « nous devrions reconstituer ces tableaux, les représenter, les faire revivre dans notre imagination[51] ». Le dialogue ainsi établi entre l'art d'aujourd'hui et l'art du passé satisfait en même temps Goethe le poète, pour qui l'art consiste – comme pour les classiques français des XVIIe et XVIIIe siècles – en une mimésis, c'est-à-dire en une imitation idéalisante qui « corrige » la nature : « lorsque je veux transformer cet arbre en peinture, j'en fais le tour et je cherche l'aspect le plus beau », écrit-il dans l'une de ses « Maximes[52] ». Le lecteur de Proust reconnaîtra qu'il s'agit ici de l'exact contraire de ce que cherche à faire Elstir !

51 Nous traduisons. Voici la phrase originale de Goethe : « Wir sollten die Gemälde wiederherstellen, darstellen, in der Einbildungskraft hervorrufen », cité par Christoph Michel, « Goethe und Philostrats „Bilder"– Wirkungen einer antiken Gemäldegalerie », *Jahrbuch des freien deutschen Hochstifts* 1973, p. 123. Sur ce même sujet, voir Ernst Osterkamp : *Im Buchstabenbilde – Studien zum Verfahren Goethescher Bildbeschreibungen*, Stuttgart, Metzler, 1991.

52 Johann Wolfgang von Goethe, *Écrits sur l'art* (traduction de Jean-Marie Schaeffer), maxime 88, Paris, Garnier Flammarion, 1996, p. 322 ; Johann Wolfgang von Goethe, *Maximen*

Goethe affirme la valeur exemplaire de l'art antique et manifeste parallèlement une profonde méfiance à l'égard du romantisme : « Ce qui est sain est classique, ce qui est malade, romantique[53] ». Son attitude à l'égard des peintres romantiques est complexe ; il admet leur talent : Caspard David Friedrich, dit-il, sait dessiner avec beaucoup de précision les différentes espèces d'arbres et les ruines[54]. Mais cet éloge est d'une profonde ambiguïté, peut-être même plein d'ironie si l'on pense au mépris si souvent exprimé de Goethe pour le coloris utilisé par les peintres romantiques, leur penchant à l'allégorisation et leurs idées philosophiques. Car dans l'ensemble, et c'est bien ce que Goethe leur reproche, les romantiques Caspard David Friedrich et Runge ne représentent pas la réalité mais – et ce sera la conception proustienne de l'art –, leur rapport à la réalité. C'est Caspard David Friedrich qui écrit : « Le peintre ne doit pas simplement peindre ce qu'il voit autour de lui, mais aussi ce qu'il voit en lui. Ne voit-il rien en lui, qu'il cesse alors de peindre ce qu'il voit autour de lui[55] ! ». Aux yeux de Goethe, on l'aura compris, une telle attitude est inadmissible de la part d'un peintre.

Marcel Proust a été fasciné par Goethe. Proust avait appris l'allemand au lycée et au moment d'écrire *Jean Santeuil*, à la recherche de modèles, il lit *Wilhelm Meister*[56], roman de formation par excellence, *Bildungsroman*, dans lequel, note Proust, « les arts [...], l'art de l'acteur, l'art de l'architecte, l'art du musicien, l'art du pédagogue y jouent un grand rôle, et en tout ceci ce qui est vraiment l'art[57] ». Pourtant fascination ne veut pas dire admiration inconditionnelle. Pour l'auteur de la *Recherche*, Goethe reste, beaucoup trop, l'homme du XVIIIe siècle, ce « XVIIIe siècle trop humain,

---

und Reflexionen, Werke, vol. 12, maxime 888, Hambourg, Christian Verlag, 1953, p. 490 : « Um den Baum in ein Bild zu verwandeln, gehe ich um ihn herum und suche mir die schönste Seite ».

53 Goethe, 1996, *op. cit.*, maxime 70, p. 320 ; Goethe, *op. cit.*, 1953, maxime 863, p. 487 : « Klassisch ist das Gesunde, romantisch das Kranke ».

54 Voir Johann Wolfgang von Goethe, *Schriften zur Kunst*, Zurich et Stuttgart, Artemis Verlag, 1968, p. 719.

55 Nous traduisons. « Der Maler soll nicht bloss malen, was er vor sich sieht, sondern auch was er in sich sieht. Sieht er aber nichts in sich, so unterlasse er auch zu malen, was er vor sich sieht », Goethe, *op. cit.*, 1968, p. 1146.

56 *Cf.* la biographie de Jean-Yves Tadié, *op. cit.*, 1996, p. 325 ; pour une interprétation de *À la recherche du temps perdu* comme *Bildungsroman*, roman allemand de formation, *cf.* Áron Kibédi Varga : « le Moi et les choses. *À la recherche du temps perdu*, un roman allemand ? », dans *Proust contemporain*, *op. cit.*, 1994, p. 29-40.

57 « Sur Goethe », *Essais et articles, CSB*, p. 648.

qui dépoétise le monde en le peuplant, lui retire son mystère parce qu'il l'anthropomorphise[58] ». Goethe est celui qui, au lieu de poursuivre une œuvre unique dans la solitude, cherche à acquérir un savoir encyclopédique, s'intéresse à trop de choses, à l'histoire naturelle[59], au destin de l'humanité. Pour Proust, « les livres sont l'œuvre de la solitude et les enfants du silence[60] ».

PROUST, TABLEAU, MODERNITÉ

Adhérer à la doctrine de la mimésis comme le fait encore Goethe – mais on pensera aussi aux Goncourt, à Huysmans ou Zola –, c'est admettre l'existence d'une réalité extérieure à l'artiste, une réalité que celui-ci réussit, sinon à connaître entièrement, du moins à représenter.

L'*ekphrasis* n'est alors pas seulement un moyen pour le poète de rivaliser avec le peintre. À travers l'*ekphrasis*, poètes et écrivains se font médiateurs, intermédiaires entre l'objet d'art et son public. La peinture classique exige en effet la médiation par le verbe : elle représente certes la réalité, mais celle-ci, pour devenir pleinement signifiante, a besoin du commentaire verbal, qui en explicite le message, moral et esthétique. Deux médiateurs s'interposent ainsi entre la réalité et son spectateur : sa représentation picturale, et le texte qui interprète cette représentation.

La rupture radicale de la modernité consiste à supprimer la médiation verbale : ni le romantique Caspar David Friedrich, ni ensuite les impressionnistes admirés par Proust, ne représentent la réalité ; ils représentent leur vision de la réalité, qui doit avoir son écho immédiatement, sans intermédiaire, dans l'âme du spectateur. L'art classique exigeait la médiation par le verbe, il était interprétable, il constituait une source de connaissances esthétiques et religieuses, connaissances qui s'exprimaient en paroles (lorsque l'on regarde un tableau de Poussin, représentant une scène biblique ou historique, on a besoin de savoir quelle est cette scène et qui sont ces personnages) ; l'art moderne, lui, s'émancipe du verbe et cherche à établir un lien *direct* avec son spectateur, à le saisir au sens le

58 *Ibid.*, p. 649.

59 « L'histoire naturelle, écrit Proust au sujet de Goethe, paraît avoir été pour son esprit un pôle négatif, comme pour certains hommes la débauche, pour d'autres l'esprit critique, pour d'autres le luxe et le plaisir, en un mot ce qui éloigne l'inspiration, ce qui est antipathique à notre développement véritable », *Id.*

60 *Id.*

plus littéral de ce mot. En s'affranchissant du verbe, la peinture moderne devient une manière autonome d'interpréter la réalité.

La grande invention de Proust aura été – parmi tant d'autres – de transférer cette révolution esthétique, du domaine de la peinture à celui de l'écriture. C'est une vision moderne de la peinture qui domine dans *À la recherche du temps perdu* : la médiation, l'intermédiaire sont abolis. L'*ekphrasis* l'est-elle pour autant ?

Si les comparaisons picturales, les allusions aux peintres et aux tableaux sont extrêmement nombreuses dans l'œuvre proustienne, les descriptions détaillées de tableaux sont par contre très rares : plusieurs d'entre elles, nous les avons déjà évoquées, ont été inventées à partir de tableaux reproduits par Ruskin dans sa « Library Edition ». C'est dans ses « Ruskin », comme les appelait Proust, que se trouvent des reproductions qui, dans le récit proustien, feront l'objet de plus longues descriptions : on pensera aux figures des *Vices* et des *Vertus* de Giotto et à « Zephora » d'après Botticelli (*Un amour de Swann*[61]) ; ceci vaut encore pour *Le Patriarche du Grado exorcise un possédé* de Carpaccio (*Albertine disparue*[62]) ; C'est aussi dans *Albertine disparue* que Proust décrit, de manière détaillée[63], les « loopings » des anges de Giotto sur la voûte bleue de la Chapelle de l'Arena.

Par ailleurs, Proust nous arrête longuement devant certains tableaux, mais fictifs cette fois : ceux d'Elstir dans *À l'ombre des jeunes filles en fleurs* et *Du côté de Guermantes* : peinture d'Odette en *Miss Sacripant*[64], et surtout les fameuses « marines[65] » de Balbec et les Elstir de la collection Guermantes[66], qui soutiennent admirablement la poétique proustienne : Elstir fait comprendre au Narrateur que ce n'est pas l'objet, mais la perception qui prime, qu'il n'y a pas « de choses plus ou moins précieuses » à représenter, que la robe un peu « commune » de la dame « un peu vulgaire » et la voile « en elle-même jolie » du bateau sont « deux miroirs du même reflet. Tout le prix est dans les regards du peintre[67] ».

Le tableau chez Proust, on ne l'a sans doute pas assez dit, est très proche des moments de la mémoire involontaire : le tableau est un objet

61 *Recherche*, t. I, p. 80-82.
62 *Recherche*, t. IV, p. 225-226.
63 *Ibid.*, p. 226-227.
64 *Recherche*, t. II, p. 203-205.
65 *Ibid.*, p. 192-196.
66 *Recherche*, t. II, p. 711-715.
67 *Ibid.*, p. 714.

sensible, capable de déclencher le même phénomène exaltant d'achronie. L'effet de la réapparition d'une allusion au même peintre, ou du même portrait, n'est cependant jamais uniquement une épiphanie métaphysique ou cognitive, comme dans la scène de la madeleine. La mémoire involontaire suscitée par la peinture est plus trouble, plus secrète ; c'est qu'elle est presque toujours teintée d'érotisme – qu'il s'agisse des tableaux qui révèlent progressivement le personnage d'Odette, ou de l'ambiguïté sexuelle dans l'autoreprésentation du Narrateur.

En fait, chez Proust, les allusions remplacent l'*ekphrasis* ou, plus exactement peut-être, les *ekphraseis* se transforment nécessairement en allusions, dans la mesure où la symbiose intime que Proust postule entre le lecteur et le récit lui interdit automatiquement toute description de tableau qui soit indépendante du contexte romanesque, toute *ekphrasis* dans le sens traditionnel : les allusions picturales qui ponctuent le récit, doivent s'adresser directement au lecteur, réveiller dans son âme les mêmes désirs et les mêmes tourments que chez Swann lorsque Botticelli le fait penser à Odette, ou chez le Narrateur lorsqu'une toile de Carpaccio réveille le souvenir d'Albertine.

Parmi les rares descriptions détaillées de tableaux dans la *Recherche*, celle qui a pour objet le port de Carquethuit peint par Elstir[68] apparaît comme étant la plus explicitement liée à la poétique proustienne : Elstir échange le marin et le terrestre. La représentation n'obéit plus à la logique du réel. À travers les marines d'Elstir, le Narrateur découvre, émerveillé, que l'« essence », la « vérité » de la mer ne se trouvent pas obligatoirement dans la mer.

S'il est si important pour Proust de commenter ce tableau – que la critique qui cherche des rapprochements avec des peintures existantes, a du reste bien du mal à situer[69] – ce n'est pas parce que ce tableau est fictif, mais bien parce qu'il permet d'exposer une certaine manière de voir la réalité, celle, précisément, qui est à la base de l'esthétique proustienne : le tableau d'Elstir « avait cette même unité profonde qu'ont nos impressions[70] ».

La description du tableau d'Elstir ne contient pas tous les éléments caractéristiques d'une *ekphrasis* traditionnelle ; elle ne nous invite

---

68 *Recherche*, t. II, p. 192-195.

69 La critique cite plusieurs tableaux de Turner, de Manet, de Monet, de Boudin et de Seurat ; voir *Recherche*, t. II, la note p. 1436.

70 *Recherche*, t. II, p. 986.

aucunement à quitter le roman pour regarder un tableau : au contraire, elle constitue une porte d'entrée dans l'œuvre de Proust. L'impression prime sur le raisonnement : la réalité, nous dit Proust, ne trouve sa vérité – obscurcie par l'habitude, l'intelligence –, qu'à travers la vision individuelle, particulière de celui qui la saisit dans une œuvre d'art.

Dès lors, l'attitude des Anciens et des Modernes, de Goethe et de Proust à l'égard de l'*ekphrasis* devient claire, elle ne peut être plus opposée ! Pour Goethe, mais aussi pour les Goncourt ou Zola, l'art représentait la réalité, tout moyen supplémentaire de la connaître – comme l'*ekphrasis* – était donc, dans cette perspective, d'une immense utilité. Pour Proust, la réalité perd son autonomie, elle a un caractère « purement mental » : « je m'étais rendu compte que seule la perception grossière et erronée place tout dans l'objet, quand tout est dans l'esprit[71] ».

Dans la perspective proustienne, qui est une perspective définitivement moderne, la réalité est fonction de l'art – peinture, photographie, littérature, musique – qui, en la métamorphosant, la révèle. Et l'*ekphrasis* se transforme aussi : au sens original du terme, en tant que genre autonome, elle disparaît. Ne subsiste plus alors que sa trace, soumise au roman, intériorisée, comme série de très puissantes allusions.

DE MONET À ELSTIR
Dans le laboratoire du romancier

Proust, dans son roman, nous apprend comment les peintres sont ceux « par qui nos yeux sont déclos », formule essentielle qui résume la démarche proustienne : Proust inverse le rapport tableau-spectateur ; il dénie la valeur picturale de l'objet esthétique, et il glorifie le regard, il s'arrête sur l'effet produit par le tableau dans l'âme du spectateur. Mais comment inscrire cette inversion tableau-regard du spectateur dans le roman ? Comment la mettre en pratique, la faire coïncider avec la forme narrative ? Et comment se débarrasser de ces théories explicites, qui sont pour Proust aussi laides que la marques du prix laissé sur l'objet ? Voici

71 *Recherche*, t. III, p. 914.

la gageure du romancier-philosophe, voici l'enjeu proustien – on ne l'a pas assez dit ou souligné jusqu'à présent.

Ce renversement kantien du rapport entre le tableau, objet de connaissance, et le regard, forme de perception, ne s'est pas opéré d'un seul coup ; il fut, pour Proust, on l'a souligné, source de tâtonnements. L'approche génétique va nous permet de mieux comprendre la démarche de Proust, allant de la description ekphrastique de tableaux connus jusqu'à leur effacement. Cette démarche est particulièrement visible en ce qui concerne la peinture de Monet. Juxtaposer les différents textes concernant Monet (en particulier une toile[72] représentant un paysage de « dégel »), depuis les écrits de jeunesse jusqu'au texte « définitif » de la *Recherche*, c'est entrer dans le laboratoire de l'écrivain et admirer l'extraordinaire travail de rédaction ou de refonte opéré par Proust, mais c'est surtout suivre l'individuation spectaculaire de Proust dans son approche de la peinture : les toiles de Monet, présentes encore sous la forme d'*ekphraseis* dans les fragments destinés à *Jean Santeuil*, feront place dans des brouillons de la *Recherche* à de simples allusions à Monet qui, dans le texte « définitif », parfaitement assimilées, disparaîtront à leur tour.

UN « DÉGEL » DE MONET (*JEAN SANTEUIL*)

Lisons d'abord ce fragment destiné à *Jean Santeuil* et connu sous le titre « Un amateur de peinture. – Monet, Sisley, Corot[73] ». Proust décrit dans ce texte une série de tableaux de Monet, nommant pour chacun le nom de leur collectionneur, suivant ainsi à la lettre le modèle classique de la célèbre « galerie de tableaux » de Philostrate. Proust utilise habilement la forme narrative – un « collectionneur » habitant Rouen, des

72 Je reprends ici plusieurs passages de mon article : « Proust, Monet et la débâcle de l'*ekphrasis* », 2005, art. cité. Voir aussi mon article en allemand sur le même sujet : « Variationen und Varianten. Ein Monet bei Proust », dans *Varianten –Variants – Variantes*, éd. Christa Jansohn et Bodo Plachta, Max Niemeyer, 2005, p. 221-230. Pour Proust et Monet, *cf.* J. Theodore Johnson qui, le premier, a daté et étudié les brouillons autour de Monet : « *Débâcle sur Seine* de Claude Monet : source du *Dégel à Briseville* d'Elstir », 1973, *op. cit.*, p. 163-176. Voir aussi Yasué Kato, *Étude génétique des épisodes d'Elstir dans À la recherche du temps perdu*, Surugadai-Shuppansha, 1998, p. 185-189, qui éclaire la chronologie des fragments sur Monet ; Luzius Keller s'intéresse également à Proust et Monet : on lira avec profit la quatrième partie de son ouvrage *Lire, traduire, éditer Proust*, Paris, Classiques Garnier, « Bibliothèque proustienne », 2016.

73 « Un amateur de peinture. – Monet, Sisley, Corot », *JS*, *op. cit.*, p. 890-895.

toiles de Monet accrochées sur les murs de sa maison, les goûts de ce collectionneur découvrant successivement l'art de Sisley puis de Corot – pour mettre en place une forme détournée de critique d'art : grâce à la « collection privée » de son personnage, Proust compare et faire connaître au lecteur les maîtres de l'impressionnisme.

Cinq toiles de Monet nous sont ainsi données à voir successivement, à travers une série de cinq brèves descriptions, magnifiques *ekphraseis* qui apostrophent le lecteur, réclament son admiration[74]. Excepté la première toile, désignée entre parenthèses par « (F. d'Étretat) », qui correspond au titre donné par Monet, *Falaise d'Étretat*[75], Proust nomme seulement, et toujours entre parenthèses, les propriétaires des tableaux qu'il décrits : trois appartiennent à Charles Éphrussi, les deux autres à Georges Charpentier. La deuxième toile nous intéresse plus particulièrement ; en effet, après maints avatars, elle entrera dans la *Recherche* comme tableau d'Elstir : il s'agit des *Glaçons* ou *Débâcle sur la Seine*[76] (1880), que Proust avait vu chez Charles Éphrussi ; ce tableau, exécuté après la débâcle de la Seine en janvier 1880, fait partie de la grande série intitulée *Débâcle sur la Seine à Argenteuil*, quatorze toiles, variations sur un même thème, réalisées par Monet :

> Voyez comme tout miroite, comme tout est mirage par ce dégel : vous ne savez plus si c'est de la glace ou du soleil, et tous ces morceaux de glace brisent et charrient les reflets du ciel, et les arbres sont si brillants qu'on ne sait plus si leur rousseur vient de l'automne ou de leur espèce, et on ne sait plus où l'on est, si c'est le lit d'un fleuve ou la clairière d'un bois (chez M. Ch. Éphrussi)[77].

Les Glaçons réapparaissent dans un second fragment, écrit à la même époque et connu sous le titre « Les Monet du marquis de Réveillon ». Proust pratique, une fois encore, grâce à un stratagème narratif (le narrateur, Jean, admire la collection privée d'un personnage, ici en l'occurrence, le marquis de Réveillon), une longue description encomiastique de tableaux marquants de Monet ; une description sensiblement plus intériorisée que celle du collectionneur de Rouen : l'apostrophe au lecteur, trait si frappant de l'*ekphrasis* classique dans la tradition de

74 *Ibid.*, p. 892-893.

75 *Ibid.*, p. 892-893. Voir Wildenstein, vol. I, planche 1047.

76 Claude Monet, *Les Glaçons* (1880), Wildenstein, planche 567. Toile achetée à Monet en mai ou décembre 1880 par Charles Éphrussi (*cf.* Wildenstein, vol. II, p. 221).

77 « Un amateur de peinture. – Monet, Sisley, Corot », *Jean Santeuil*, *JS*, p. 893.

Philostrate, a ici disparu, les tableaux se succèdent en une série moins distincte. Lorsque Proust évoque les célèbres tableaux ou motifs de Monet : « rivière » dans la brume, « cathédrale », « champ de coquelicots », ou bien encore ce « dégel », décrit en des termes semblables à ceux utilisés pour les *Glaçons* du « collectionneur de Rouen », c'est d'abord pour soutenir une réflexion propre sur le réel et l'art.

Le marquis de Réveillon propose à Jean de lui montrer ses Monet accrochés dans son salon : « Et tout en causant, ils entrèrent dans le premier salon, où le marquis tourna tous les boutons de l'électricité pour montrer ses Monet[78] ». Sans transition, suit alors une longue réflexion sur ces tableaux, monologue intérieur bien plus que description, et dont nous ne reproduisons ici qu'une partie, celle qui concerne la scène de « débâcle » :

> Nous ne savions pas tout ce qu'il y a de réel et de divers dans la vie de l'endroit que nous aimons [...] Nous savions bien que cet endroit est beau à l'automne, dans une sorte de transfiguration, mais nous l'aurions mieux aimé si nous n'y avions pas vu à un moment de l'année comme un spectacle [...], si un jour de dégel, au lieu de nous en aller comme si c'était un ennemi étranger à l'endroit qui passait sur lui sans le toucher, nous avions vu le soleil, le bleu du ciel, la glace rompue, l'eau flottante faire de la rivière un miroir éblouissant que l'œil ne peut fixer et où il ne peut se reconnaître, ne retrouvant la forme de rien, tandis que les arbres dénudés et brillants de givre sont là, entourant une clairière ou longeant des rives, on ne sait[79].

L'art, en effet, selon Proust, ne peut se limiter à capter le réel dans ces seuls moments privilégiés, lorsque par exemple les saisons rendent particulièrement favorable la perception des choses – en plein soleil, en automne : comme le fait Monet, il doit aussi en rendre la densité, voire l'invisibilité. Cathédrale ou rivière, la peinture doit permettre de saisir à la fois le haut et le bas, le ciel et l'eau, ce qui est net et ce qui est enveloppé de brume. À cette fin, l'artiste reviendra constamment au même endroit, en quête de ces couleurs indécises, de ces formes fuyantes. Contrairement à l'écrivain, le peintre ne pourra saisir ce réel et nous le communiquer que par la reprise, la répétition, la série : c'est là, nous dit Proust, le secret de Monet s'attelant indéfiniment au même thème.

---

78 « Les Monet du marquis de Réveillon », *Jean Santeuil*, *JS*, p. 896.
79 *Ibid.*, p. 897.

UN « DÉGEL » DE PROUST (*À LA RECHERCHE DU TEMPS PERDU*)

Poursuivons notre visite dans le laboratoire de l'écrivain, cernons ce qui est tout à la fois genèse du texte et biographie intellectuelle. Confronter certains avant-textes de la *Recherche* avec le texte définitif, nous permet de voir comment Proust, finalement, rejette l'*ekphrasis* et s'approprie la scène de *Débâcle* (*Glaçons* ou *Dégel*) qu'il évoquait en tant que toile de Monet dans les pages destinées à *Jean Santeuil*.

Dans un fragment issu du Cahier 28, et écrit vers la fin de 1909, ce sont bien certains éléments de descriptions rédigées avant 1899 et destinées à *Jean Santeuil*, qui réapparaissent : un grand nombre de termes comme « dégel », « miroitement », « glace », « automne », « clairière », ou encore cette réflexion qu'il est impossible de distinguer le ciel et la terre, ont été réutilisés, transférés vers ce Cahier 28. Mais un changement considérable est pourtant intervenu : là où ces éléments servaient initialement à révéler au lecteur l'art de Monet, Proust, dans le Cahier 28, les utilise pour décrire le sujet d'un tableau du peintre fictif Elstir. La *Débâcle* de Monet est devenue « un dégel, une inondation de la rivière à Viraville[80] » d'Elstir !

Certes, dans les avant-textes de la *Recherche*, Monet est encore facilement repérable derrière Elstir, et c'était peut-être là l'intention de l'auteur. Proust en accompagnant l'évocation des « dégel » d'Elstir de noms de lieux précis – « à Viraville » dans le Cahier 28, « à Appolonville » dans le Cahier 34 (vers 1912), ou même encore « à Briseville » dans les placards de 1914 –, pastiche de toute évidence les titres que Monet aimait donner à ses toiles, situant ainsi géographiquement le motif qu'elles représentaient. Lisons d'abord dans le Cahier 28, cette évocation d'un « dégel » peint par Elstir qui suggère immédiatement au lecteur une toile de Monet :

> Il y avait un dégel, une inondation de la rivière à Viraville qui s'était transformée en un lac [...]. Le tableau avec cette unité absolue où chaque chose disait en son langage une même impression et souvent se muait en une autre faisait éclater uniquement cette impression. Les morceaux de glace entraînés, reflétant le ciel si pur, étaient comme des éclats d'azur et ils échangeaient avec le soleil de tels feux que par endroits l'œil ébloui par une parcelle miroitante ne savait plus si c'était un reflet de soleil, ou un morceau de glace, tandis que

80 *Recherche*, t. II, *Esquisse LX*, fragment extrait du Cahier 28, p. 982.

> les arbres élevaient au-dessus de la glace leurs quelques feuilles roses sans qu'on sût si c'était une dernière tache de l'automne ou peut-être une clairière dans une forêt où la glace avait pris[81].

Cette description a été reprise, de façon bien plus concise et intériorisée, dans le Cahier 34 où Proust décrit brièvement « un effet de dégel à Appolonville », peint par Elstir :

> C'est ainsi que jadis aux Champs-Élysées, capable d'aimer la neige unie et pure, j'avais été déçu ce jour où j'avais tant cru que Gilberte ne viendrait pas, de voir la Seine déjà à demi libre, avec la glace attaquée partout par les pics des terrassiers ; mais un effet de dégel à Apollonville montré par Elstir et où l'absence de frontière de la glace cassée en mille morceaux au milieu de laquelle s'élevaient des arbres presque entièrement défeuillés empêchait de savoir si on voyait le lit d'un fleuve ou une clairière dans les bois [...] m'avait appris la beauté qu'il y a dans cette immense équivoque de reflets[82] [...].

Le titre « Effet de dégel à Briseville » apparaît encore[83], dans les placards Grasset de 1914, mais dans les épreuves de 1918, et ensuite dans le texte dit « définitif », dans *Le Côté de Guermantes*, les traces d'*ekphrasis*, et l'allusion à un titre ont disparu : le tableau de Monet a été détourné et entièrement soumis à la poétique proustienne, il n'est repérable, pour le connaisseur, que par ce seul mot de « dégel » :

> [...] si, dans mes visites à Elstir, j'avais demandé à sa peinture de me conduire à la compréhension et à l'amour de choses meilleures qu'elle-même, un dégel véritable, une authentique place de province, de vivantes femmes sur la plage [...], maintenant au contraire, c'était l'originalité, la séduction de ces peintures qui excitaient mon désir, et ce que je voulais surtout voir, c'était d'autres tableaux d'Elstir[84].

C'est ainsi que près de vingt ans après son étude sur Chardin et Rembrandt, Proust réussit à faire passer dans sa pratique narrative cette prééminence, exigée par sa poétique, du regard par rapport au tableau du maître, aussi extraordinaire ce dernier fût-il. La valeur de la peinture, nous répète Proust, ne se mesure qu'à l'aune de l'expérience du spectateur :

---

81 *Ibid.*, p. 981-982.

82 *Ibid.*, *Esquisse LXII*, fragment extrait du Cahier 34, p. 988.

83 Voir l'historique de J. Theodore Johnson Jr., « *Débâcle sur la Seine* de Claude Monet : source du Dégel à Briseville d'Elstir », 1973, *op. cit.*, en particulier les pages 170 à 175.

84 *Recherche*, t. II, p. 423.

« miroir », « télescope », le tableau n'invite pas à la contemplation mais à la perception ou à l'introspection ; il attire l'attention, non pas sur plasticité propre, mais sur la vie.

Il est significatif que Proust n'ait pas gardé pour son roman les extraordinaires *ekphraseis* des Monet de *Jean Santeuil*. C'est que l'*ekphrasis* constituerait une forme d'idolâtrie, elle ferait éclater le roman. Les innombrables tableaux qu'évoque la *Recherche*, qu'il s'agisse de Giotto, Carpaccio, Rembrandt ou Monet, seront donc détournés, rigoureusement soumis à la poétique proustienne. Pour Proust, il s'agit toujours de tirer à soi « la création et le langage de vies profondément différentes de la mienne », d'exalter son imagination en la plongeant « au sein du non-moi[85] » et de convertir ce non-moi. En parfaite cohérence avec les exigences de son esthétique, Proust convertit Monet, mais comme on sait, il convertit aussi les phrases de Montesquiou, celles des Goncourt, et bien évidemment ce qu'il lit chez Ruskin…

L'objet esthétique doit être recomposé au cœur de notre imaginaire, c'est alors qu'il peut agir en nous, qu'il nous appartient définitivement. Les lignes qu'adressait le très jeune Proust à Madame Catusse (elles peuvent sembler naïves) ne disaient pas autre chose :

> Si j'étais riche, je ne chercherais pas à acheter des chefs-d'œuvre que je laisserai au musée mais de ces tableaux qui gardent l'odeur d'une ville ou l'obscurité d'une église et qui comme des bibelots contiennent autant de rêve par association d'idées qu'en eux-mêmes[86].

Il faudra bien enfin accepter que l'importance immense accordée par Proust au monde du sensible, aux associations issues de l'imaginaire ont aussi pour paradoxal effet une profanation de l'œuvre d'art, devenue simple maillon, parmi d'autres, des trames de notre imaginaire.

---

85 *Pastiches et mélanges* « Journées de lecture », *CSB*, p. 167.

86 Décembre 1906 ; *Corr.*, t. II, p. 337.

DYNAMIQUES DU TABLEAU DANS LE ROMAN PROUSTIEN

L'IMAGE ASSERVIE
Fonctions du tableau dans le récit

Nous l'avons compris, pour Proust, la vue d'un tableau n'est pas un acte de jouissance esthétique, elle est un acte de profondeur, révélant des couches de temps successives : elle déclenche donc le même processus métaphorique – extraordinaire, visant à transformer la vie –, que la mémoire involontaire. Mais comment cet acte s'insère-t-il dans le récit de la *Recherche*, et quelles sont plus précisément les différentes fonctions des tableaux détournés par Proust ?

Ce que réclame le tableau, la littérature l'oublie, c'est d'être vu, non d'être lu. L'exigence spécifique de la peinture – exigence qui nous comble – c'est la contemplation bien avant l'ordre des mots. La littérature détourne la peinture de son essence première ; Jean Roudaut montre très bien comment le livre parle de la peinture « pour la presser à parler », alors que son « caractère propre, fondamental, est d'être là, absolument présente, totalement satisfaisante[1] ». La littérature brise la plénitude silencieuse du tableau, gomme sa spécificité matérielle, son opacité. Deux types d'interprétation du pictural sont alors possibles, qui sont en même temps deux types de détournement : dans le premier cas, l'écrivain, le poète se font théoricien, critique d'art. Le commentaire pictural, tel qu'on le trouve dans les innombrables écrits sur la peinture, dans ce genre littéraire qu'est le compte-rendu de Salons, est en fait, comme l'a

---

1 L'ouvrage de Jean Roudaut, *Une ombre au tableau*, touche de près les problèmes dont il sera question ici, Éditions Ubacs, 1988, p. 91. En ce qui concerne cette fois la représentation de livres dans les tableaux, voir du même auteur, *Les Dents de Bérénice – Essai sur la représentation et l'évocation des bibliothèques*, Paris, Deyrolle, 1998.

montré Áron Kibédi Varga, poétique déguisée, métadiscours poétique[2]. Eugène Fromentin, dans *Les Maîtres d'autrefois* – Proust y puisa de nombreuses indications sur les peintres hollandais et flamands –, en donne un éclatant exemple avec sa surprenante description de *La Mise en croix* de Rubens, « une page de pure expression », dit-il, « écrite d'un bout à l'autre sur ce mode rhétoriquement appelé sublime[3] ». Dans le second cas, le pictural ne fait pas l'objet d'un essai, d'un texte indépendant, de la part de l'écrivain mais il est inséré dans un genre littéraire existant, notamment dans le roman.

Pourtant on ne trouvera donc pas dans la *Recherche*, malgré les innombrables renvois à la peinture, de ces *ekphraseis* au sens traditionnel du terme qui nous invitent à quitter un instant le roman pour nous tourner vers un tableau, l'admirer. Nous l'avons déjà compris avec le traitement imposé aux allégories de Giotto : Proust, face à la peinture, agit en prédateur ; il détourne la matière du tableau aux fins de son roman. C'est dire encore qu'il néglige la dimension picturale ou religieuse de l'œuvre d'art, abrège tout savoir la concernant, retenant certains éléments du tableau, en occultant d'autres selon les besoins de la narration[4].

Si les œuvres choisies et librement interprétées par Proust ne sont pas citées pour être admirées, de quelle manière plus précisément entrent-elles dans la *Recherche* ? D'une part, dans certains cas, on l'a vu, la peinture est conforme à la poétique proustienne explicitée dans *Le Temps retrouvé*. Elle métaphorise le réel : les natures mortes de Chardin qui éclairent la beauté « des plus pauvres choses », les marines d'Elstir qui redessinent ce que l'habitude, la logique avaient obscurci, synthétisent et visualisent en quelque sorte une conception de l'art que Proust développe dans *Le Temps retrouvé*. Le tableau se fait alors l'équivalent de la métaphore et de la mémoire involontaire, il devient un instrument de révélation

---

2 *Cf.* l'article de Áron Kibédi Varga, « Un discours indirect : le discours poétique sur la peinture », dans *La Littérature et ses doubles*, éd. Leo H. Hoek, Amsterdam-Atlanta, Rodopi/Brill, 1985, 19-34.

3 Eugène Fromentin, *Les Maîtres d'autrefois*, Plon, 1914, p. 89.

4 Je reprends dans cette troisième partie, en les développant, deux de mes articles : « Asservir l'image. Fonctions du tableau dans le récit », dans *L'Interprétation détournée*, éd. Leo H. Hoek, Amsterdam-Atlanta, Rodopi / ©Brill, 1990, p. 25-36 et « Le Roman pictural d'Albertine », *Littérature* 123, Paris, ©Armand Colin, 2001, p. 101-119. On consultera, en allemand, sur ce même sujet, mon « Gemälde und Geheimnisse bei Proust », dans *Erotische Recherchen, Decodierung von Intimität bei Marcel Proust*, éd. Friedrich Balke et Volker Roloff, Munich, Wilhelm Fink, 2003, p. 115-132.

des essences et du temps. D'autre part cependant – et c'est la grande majorité des cas – les références picturales concernent en premier lieu les personnages et le déroulement de l'intrigue.

Depuis des siècles, les romanciers ont eu recours au tableau (fictif ou réel) à certains moments cruciaux de leur récit. L'allusion à une œuvre picturale, ou la description plus ou moins détaillée d'un tableau dans un roman, peut en effet modifier la perception temporelle du narrateur, en lui imposant par exemple un autre rythme de lecture et une autre sensation temporelle. Le tableau, par son inertie même occupe ainsi des points stratégiques dans le discours fuyant de la narration. Que l'on pense par exemple, dans *La Princesse de Clèves*, aux deux scènes célèbres, et qui se font écho, celle du portrait de la Princesse dérobé par le Duc de Nemours et celle du portrait du Duc regardé par la Princesse, et épiée à son tour par le Duc.

Selon l'effet visé par le romancier, le tableau – mentionné ou décrit – peut revêtir différentes fonctions dans un roman[5]. Ce sont, principalement, les quatre fonctions suivantes que nous distinguerons dans *À la Recherche du temps perdu* : une fonction psychologique, une fonction rhétorique, une fonction structurale[6], et une fonction ontologique. Les trois premières fonctions, on le verra, agissent à l'intérieur du récit : elles affectent les personnages et l'intrigue et ne concernent le lecteur qu'ensuite. La fonction ontologique, en revanche, vise directement le lecteur.

Dans le roman de Proust, nous l'avons souligné à plusieurs reprises, les longues descriptions de tableaux sont très peu nombreuses, elles s'appliquent en particulier à Giotto et à Elstir : dans *Du côté de chez Swann* avec les Vices et les Vertus de Giotto, dans *Albertine disparue* avec les loopings des anges de Giotto sur la voûte bleue ; quant aux tableaux fictifs d'Elstir, ils sont longuement décrits et commentés dans *À l'ombre des jeunes filles en fleurs* et *Le Côté de Guermantes*.

Par contre, du début jusqu'à la fin de la *Recherche*, les références et les comparaisons picturales sont innombrables : la peinture italienne de la

5 Pour une topologie des différentes fonctions narratives, en particulier chez Proust et Flaubert, voir mon article : « Asservir l'image, Fonctions du tableau dans le récit », 1990, *op. cit.*

6 C'est seulement dans notre prochain chapitre, « Le Roman pictural d'Albertine » que nous parlerons de la « fonction structurale ». En particulier, p. 122.

Renaissance, découverte à travers Ruskin, y tient une place considérable, mais aussi la peinture hollandaise du Siècle d'or, ou encore la peinture française du XVIIIe siècle et le courant impressionniste. Le roman proustien est un immense musée qui rassemble plus de cent-trente peintres[7] différents, avec des occurrences plus fortes pour Botticelli, Carpaccio, Giotto, Mantegna, Rembrandt, Moreau, Chardin, Vermeer. Dans leur immense majorité, les allusions picturales concernent en premier lieu les personnages et le déroulement narratif.

Les longues descriptions, celles des allégories de Giotto et des toiles d'Elstir, s'opposent exactement comme la méthode Sainte-Beuve à la méthode Ruskin. Les premières démontrent l'insuffisance de la réalité et la déception causée par elle, les secondes mettent en question la ressemblance réaliste et opèrent en profondeur. C'est entre ces deux descriptions qu'il faut situer les nombreuses allusions picturales brèves, qui ont, à première vue, d'autres fonctions à l'intérieur du récit.

LA FONCTION PSYCHOLOGIQUE – LA PEINTURE CARACTÉRISE

Dans le roman proustien, un très grand nombre de comparaisons picturales ont simplement ce que j'appellerais une *fonction psychologique* ; celle-ci consiste à caractériser un personnage ou un milieu donné. Lorsque le romancier confère au tableau une fonction psychologique, l'intérêt spécifique de ce dernier est encore minime, il est entièrement soumis au personnage. Le tableau, la référence picturale remplacent ou renforcent la voix narrative. L'allusion à la peinture est donc un raccourci descriptif, elle peut remplacer une description.

Lorsque Swann, par exemple, se souvient de Bloch parce qu'il ressemble « au portrait de Mahomet II par Bellini. Oh ! c'est frappant, il a les mêmes sourcils circonflexes, le même nez recourbé, les mêmes pommettes saillantes[8] », le lecteur, et ceci au début du roman, est tout de suite informé : Swann est un connaisseur d'art, un esthète. Les références picturales, si souvent placées dans la bouche de Swann, deviennent citations, idiome caractéristique et caractérisant, au même titre que le langage utilisé par Françoise. Et lorsque Monsieur de Norpois trouve

---

7 Voir dans le catalogue de l'exposition Proust et les peintres, *op. cit.*, l'« Index des peintres cités dans les œuvres et les écrits de Marcel Proust », p. 509-526.

8 *Recherche*, t. I, p. 96.

que les fleurs peintes par Fantin-Latour « ne peuvent pas soutenir la comparaison avec celles de Mme de Villeparisis où je reconnais mieux le coloris de la fleur[9] », c'est le néant sur lequel repose le goût artistique des gens du monde que par le biais de telle interprétation Proust rend visible au lecteur.

En plaçant une référence picturale dans la bouche de son personnage, en lui faisant interpréter un tableau, en le comparant avec une figure picturale, repérable pour le lecteur, le romancier évite la lourdeur, le caractère insistant ou artificiel que peut prendre un commentaire, des indications psychologiques ou autres. La description ralentit, alors que la référence picturale raccourcit et présentifie ; en même temps elle constitue, de la part du romancier, un clin d'œil au lecteur.

La fonction psychologique de la peinture dépasse cependant parfois la simple caractérisation : lorsque le tableau engainé dans la matérialité des apparences, devient l'objet d'un culte, est lié à l'iconolâtrie. C'est encore Swann, plaçant sur sa table la reproduction d'un Botticelli dans lequel il retrouve les traits d'Odette. Il s'agit bien d'une fuite dans l'art dont le lecteur verra les effets : l'art obscurcit, et entraîne l'idolâtre vers la ruine et l'échec. Swann bien sûr, mais aussi le sublime Elstir – vers la fin de sa vie, gâté par les plaisirs faciles, trop attaché à chercher la beauté hors de lui « dans une maîtresse aussi belle que l'esquisse d'un Titien[10] » –, entreront finalement dans le cercle maudit des « célibataires de l'art[11] ».

Lorsque Proust associe personnages et peinture, il attaque encore des attitudes qui font du tableau un objet extérieur, non converti par la sensibilité propre du spectateur : tout ce qui s'éloigne de la fondamentale vérité de la sensibilité dans son dialogue entre le moi et le « non-moi ». À l'idolâtrie stérile de Swann pour un Botticelli, présentée sur un mode tragique, correspondent, sur un mode cruellement ironique, les conversations mondaines sur l'art : l'« idiolecte » prétendument cultivé des haïssables Verdurin, de Madame de Cambremer, ou encore du duc de Guermantes qui répond au Narrateur, lui demandant s'il connaît *La Vue de Delft* de Vermeer : « Si c'est à voir, je l'ai vu[12] ! ». Les voici

9 *Recherche*, t. II, p. 571.
10 *Ibid.*, p. 206.
11 *Recherche*, t. IV, p. 470.
12 *Recherche*, t. II, p. 813.

(toujours d'actualité), ces « célibataires de l'art[13] », curieuse expression proustienne qu'il faut sans doute comprendre à la lettre : ceux qui ne se sont pas « unis » à l'art, mais qui sont « en face », dans cet écart, à admirer, commenter, applaudir. Proust les nomme encore les « hommes de goût ». Regardons-les :

> Ils sont plus exaltés à propos des œuvres d'art que les véritables artistes, car leur exaltation n'étant pas pour eux l'objet d'un dur labeur d'approfondissement, elle se répand au-dehors, échauffe leur conversation, empourpre leur visage. Ils croient accomplir un acte en hurlant à se casser la voix : « bravo, bravo » après l'exécution d'une œuvre qu'ils aiment[14].

Les Verdurin sont la caricature de ce culte qui a ses « fidèles » et dont la Patronne est la grande prêtresse : elle tombe en convulsions devant tout ce qui représente l'Art : peintres, musiciens, poètes qui fréquentent sa maison. On croirait un temps devoir admirer l'audace des Verdurin en matière d'esthétique, leur sens de l'avant-garde. Mais ceci est faux : la passion de l'art dissimule la passion pour le milieu Guermantes, leur rêve d'ascension sociale. La sensibilité à l'art a été remplacée par sa seule énonciation valorisante, par ce bruit du « petit clan », toujours sur le qui-vive pour excommunier les infidèles qui ne partagent pas leur « goût » : moderniste, disent-ils, pourtant si conventionnel ! Et il faut encore écouter la comique et terrifiante conversation sur l'art, devant le Grand Hôtel de Balbec, entre le Narrateur et Madame de Cambremer, cette dernière faisant preuve de « la même dépravation de goût – transposée dans l'ordre mondain – qui poussait Sainte-Beuve à briser toutes les alliances de mots, à altérer toute expression un peu habituelle[15] » ! Proust mène bien une guerre – et non seulement une critique du snobisme – contre la doxa, la bêtise et tout ce qui ferme la porte à l'imagination salvatrice.

---

13 *Recherche*, t. IV, p. 470.
14 *Ibid.*, p. 470.
15 *Recherche*, t. III, p. 473.

LA FONCTION RHÉTORIQUE – LA PEINTURE COMME ARGUMENT

D'autres tableaux revêtent encore une *fonction rhétorique*[16]. Elle peut être définie comme l'effet persuasif et affectif qu'un tableau exerce sur l'un des personnages du récit, avec toutes les conséquences narratives imaginables : conversion du personnage, transformation de ses intérêts, de ses opinions ou de ses passions. La fonction rhétorique est tout à fait centrale dans l'œuvre proustienne : c'est la ressemblance d'Odette avec *Zéphora*, la *Fille de Jéthro*, peinte par Botticelli qui suscite l'amour de Swann pour Odette, une Odette qui au départ provoquait chez lui une sorte de répulsion physique. Car les goûts de Swann vont à « des femmes de beauté assez vulgaire[17] », et « la profondeur, la mélancolie de l'expression, glaçaient ses sens que suffisait au contraire à éveiller une chair saine, plantureuse et rose[18] ». Du visage plus tard adoré d'Odette, Swann retient d'abord l'aspect affligeant des joues « qu'elle avait si souvent jaunes, languissantes, parfois piquées de petits points rouges[19] ». La découverte de la ressemblance d'Odette avec la *Zéphora* est décisive : elle opère un changement radical dans l'âme de Swann et par conséquent marque profondément le développement du récit. La répulsion se transforme en adoration pour le chef-d'œuvre florentin : son amour fut assuré dès qu'il eut « pour base les données d'une esthétique certaine[20] ». Odette a soudain du prix ; elle devient exemplaire rarissime, pièce de musée, et Swann se reproche d'avoir méconnu ce qui « eût paru adorable au grand Sandro[21] ». Pour le lecteur, cette fonction rhétorique, interne au récit, apparaît comme une fonction psychologique ; elle rejoint donc, pour lui, la première catégorie dans la mesure où, dans ce rapprochement de l'art à la réalité, ce qui apparaît, c'est un Swann esthète de la plus mauvaise manière. Ce personnage si brillant, finira sa vie lamentablement : loin de terminer son étude sur Ver Meer de Delft[22], il donnera aux dames du noble faubourg des conseils de décoration

---

16 Pour la fonction rhétorique de l'image en général, on consultera Áron Kibédi Varga, *Discours, récit, image*, Liège/Bruxelles, Pierre Mardaga, 1989, p. 93-96.

17 *Recherche*, t. I, p. 189.

18 *Ibid.*, p. 189.

19 *Ibid.*, p. 219.

20 *Ibid.*, p. 221.

21 *Ibid.* p. 220.

22 *Ibid.*, p. 195.

pour leurs salons. Sa nécrologie l'arrête de manière insistante au rang de salonard, de celui qui excitait « la curiosité du public dans tout *great event* de la musique et de la peinture, et notamment aux "vernissages" dont il avait été l'habitué fidèle jusqu'à ces dernières années[23] ».

Plus encore peut-être que Swann avec Odette, le Narrateur enserre Albertine dans un réseau d'analogies artistiques. C'est en attendant son retour qu'il découvre un jour, en jouant la Sonate de Vinteuil, une ressemblance entre Vinteuil et l'auteur de Tannhäuser. Il pose alors sur le pupitre une partition de Tristan et se met à jouer Wagner. En comparant la démarche de Wagner à celle de Balzac citant Raphaël[24], Proust établit des rapprochements entre la musique, la littérature et la peinture et suggère ainsi, autour d'Albertine, un réseau qui n'est pas sans rappeler l'idéal wagnérien de l'art total, du *Gesamtkunstwerk* : le passage incessant de la vie à l'art et de l'art à la vie permet en effet de percevoir l'être aimé comme une représentation à la fois mythique et matérielle de tous les arts.

D'autres passages concernant Albertine semblent bien confirmer cette idée : c'est en feuilletant un album d'Elstir, un livre de Bergotte, en écoutant Vinteuil que le Narrateur éprouvera les sentiments les plus ardents pour la prisonnière. Une sorte de transfusion s'instaure entre l'art et la vie :

> [...] je faisais sans m'en douter sortir de moi les rêves qu'Albertine y avait jadis suscités quand je ne la connaissais pas encore et qu'avaient éteints la vie quotidienne. Je les jetais dans la phrase du musicien ou l'image du peintre comme dans un creuset, j'en nourrissais l'œuvre que je lisais. Et sans doute celle-ci m'en paraissait plus vivante. Mais Albertine ne gagnait pas moins à être ainsi transportée de l'un des deux mondes où nous avons accès [...]. Je me trouvais tout d'un coup, et pour un instant, pouvoir éprouver pour la fastidieuse jeune fille, des sentiments ardents. Elle avait à ce moment-là l'apparence d'une œuvre d'Elstir ou de Bergotte, j'éprouvais une exaltation momentanée pour elle, la voyant dans le recul de l'imagination et de l'art[25].

Tous ces passages montrent qu'un même effort d'esthétisation de la femme aimée rapproche Swann et le Narrateur, la relation Odette-Swann précédant, comme on sait, celle du Narrateur avec Albertine.

23 *Recherche*, t. III, p. 704.
24 Voir *Ibid.*, p. 664-667.
25 *Ibid.*, p. 565.

Pourtant, au moment même d'une identification possible avec Swann, le Narrateur rejette violemment l'attitude de ce dernier. Le passage qui suit montre combien il est conscient de cette dialectique, de l'analogie et de la différence entre Swann et lui-même ; il affirme d'abord : « je m'étais promis d'avoir des collections comme Swann, d'acheter des tableaux, des statues [...]. Mais ma chambre ne contenait-elle pas une œuvre d'art plus précieuse que toutes celles-là ? C'était Albertine elle-même. Je la regardais[26] ». Mais cette affirmation sera violemment réfutée une page plus loin. Le caractère négatif d'une telle attitude n'échappe pas au Narrateur. C'est précisément à cause de Swann qu'il refuse de voir Albertine comme œuvre d'art : « Mais non ; Albertine n'était nullement pour moi une œuvre d'art. Je savais ce que c'était qu'admirer une femme d'une façon artistique – j'avais connu Swann[27] ».

Le tableau de Botticelli fournit à Swann un « argument » permettant de transformer la réalité ; le Narrateur, lorsqu'il refuse de suivre la même voie, se sert, lui aussi, d'un procédé rhétorique. Swan est un *exemplum a contrario*, un exemple à ne pas suivre, celui d'une fausse esthétisation de la vie. Récuser Swann, c'est refuser l'art comme jouissance passive, célibataire, étrangère à la recherche des autres et à la création active qui transforme l'art, greffé sur la vie, en une réalité. La fin du roman témoigne de la voie autre trouvée par le héros de la *Recherche*. Loin de cette attitude ambiguë, et malgré les tentations de l'idolâtrie, de l'esthétisme, le Narrateur dépassera le destin médiocre de Swann, il deviendra créateur (mais en attendant, il fait exactement comme Swann !).

La fonction rhétorique est donc ici une mise en garde : il faut dépasser l'esthétisme pour accéder à la création. Les deux exemples se complètent, l'effet négatif d'une rhétorique de la persuasion appelant une rhétorique de la dissuasion : ils constituent ainsi une espèce de charpente narrative, les éléments rhétoriques se transformant en éléments de structure.

LA FONCTION ONTOLOGIQUE – GIOTTO VERSUS ELSTIR

Les deux longues descriptions que j'ai mentionnées plus haut, celle des allégories de Giotto et celle des Elstir, sont d'un autre ordre que les allusions ou comparaisons picturales rapides, même si celles-ci peuvent

---

26 *Ibid.*, p. 884.
27 *Ibid.*, p. 885.

avoir un rôle déterminant dans le développement du récit. En effet, les fresques de Giotto et les marines d'Elstir ont une fonction *ontologique*, elles permettent au Narrateur, et au lecteur, de prendre conscience du contraste entre la vie « en tant que vécue » et la vie transfigurée par l'art. Ces deux descriptions correspondent en fait aux deux grands enseignements de la *Recherche* : d'une part, déception, douleur de constater l'irrémédiable écart entre nos illusions, l'idée que nous nous faisons des choses et des êtres, et la réalité de ces choses ; d'autre part, avec les tableaux d'Elstir, « puissante joie », celle ressentie au moment où la réalité se trouve métaphorisée, c'est-à-dire innervée d'une profusion de correspondances, de connotations, de sensations parfois contradictoires et qui n'en sont alors que plus intenses.

Les personnages allégoriques représentés sur les fresques de Giotto à la Chapelle de l'Arena ressemblent à la réalité, ils sont peints de telle manière qu'ils semblent aussi vivants, aussi réels que les personnages que nous rencontrons dans la réalité de tous les jours, mais ils ne ressemblent pas à l'idée que nous nous en faisons[28]. Ainsi, l'allégorie de la Justice que contemple le Narrateur sur la reproduction offerte par Swann, avec son « visage grisâtre et mesquinement régulier » est celui-là même de « certaines jolies bourgeoises pieuses et sèches » que le Narrateur voit à la messe, « et dont plusieurs étaient enrôlées d'avance dans les milices de réserve de l'Injustice[29] ». La Charité, elle, ressemble à une « ménagère », et si elle incarne cette vertu, « c'est sans qu'aucune pensée de charité semble avoir jamais pu être exprimée par son visage énergique et vulgaire[30] » (voir Fig. 1). La Justice ressemble à des femmes réelles mais qui n'excellent justement pas dans la vertu de la Justice, et la femme qui incarne la Charité n'a pas l'air charitable.

Les fresques de Giotto, qui ressemblent à la réalité, ont ainsi pour fonction de nous rendre conscients que celle-ci est toujours fausse par rapport à l'idée que nous nous en faisions. Elles résument en quelque sorte le mécanisme déceptif des décalages entre idée et chose, apparence et vérité, mécanisme auquel obéissent de manière quasi systématique les

28 Je reprends dans les pages qui suivent, en les développant, différents passages de mon article « Ruskin contre Sainte-Beuve : le tableau dans l'esthétique proustienne », *Littérature* 103, Paris, ©Armand Colin, 1996, p. 94-112.

29 *Recherche*, t. I, p. 81.

30 *Ibid.*, p. 80.

êtres et les choses dans la *Recherche* : « la réalité telle que nous l'avons sentie et qui diffère tellement de ce que nous croyons[31] ». Le tableau réaliste, au sens large du terme, ainsi les allégories de Giotto, nous renvoie une image sans profondeur, une image qui ignore le jeu des reflets et de la lumière, cette essence entre deux, hors du temps, qui transcende la réalité et caractérisera les tableaux d'Elstir, à la mesure de son Port de Carquethuit[32], tableau « irréel et mystique[33] ». Le Narrateur note en effet au moment où il visite à Balbec l'atelier d'Elstir :

> [...] si Dieu le père avait créé les choses en les nommant, c'est en leur ôtant leur nom, ou en leur en donnant un autre qu'Elstir les recréait. Les noms qui désignent les choses répondent toujours à une notion de l'intelligence, étrangère à nos impressions véritables[34].

La fonction *ontologique* du tableau n'a plus, comme les deux autres, un statut narratif. Il s'agit d'une révélation par le tableau de l'être des choses et du monde, représentés dans le récit ; le tableau s'immobilise dans une description qui symbolise le sens de l'œuvre. Le pictural bascule dans l'être, dans l'ontologique. Dans la *Recherche*, la peinture d'Elstir assume cette fonction, et il est remarquable qu'il s'agisse ici, exceptionnellement dans l'œuvre de Proust, de tableaux n'existant pas dans la réalité ; la peinture d'Elstir a été inventée par Proust aux fins d'une démonstration esthétique qui trouvera sa révélation dans *Le Temps retrouvé*.

Chez Elstir, qui emploie des « termes urbains » pour peindre la mer, la représentation obéit non pas à la logique du réel mais à celle de la métaphore, seule capable (en écriture comme en peinture) de dire la dynamique infinie du monde : ainsi sur la toile représentant le port de Carquethuit, la mer est devenue rurale, les vaisseaux ont quelque chose « de citadin, de construit sur terre », et les églises semblent « sortir des eaux[35] », un navire semble « voguer au milieu de la ville[36] ». La démarcation habituelle, la frontière fixe entre la terre et l'océan a disparu : « Des hommes qui poussaient des bateaux à la mer couraient aussi bien dans les flots que sur le sable, lequel, mouillé, réfléchissait déjà

31 *Recherche*, t. IV, p. 459.
32 *Recherche*, t. II, p. 192-195.
33 *Ibid.*, p. 192.
34 *Ibid.*, p. 191.
35 *Ibid.*, p. 192.
36 *Ibid.*, p. 193.

les coques comme s'il avait été de l'eau[37] ». La beauté d'une chose ne peut être connue que dans une autre, à travers son équivalent sensible, équivalences qui spiritualisent la matière, l'arrachent à son opacité initiale et au Temps. Les tableaux d'Elstir, décrits par Proust avec force détails[38], synthétisent et symbolisent la poétique proustienne, ils sont *vision* dans le sens de révélation :

> [...] le peintre original, l'artiste original procèdent à la façon des oculistes. Le traitement par leur peinture, par leur prose, n'est pas toujours agréable. Quand il est terminé, le praticien nous dit : « Maintenant regardez. » Et voici que le monde (qui n'a pas été créé une fois, mais aussi souvent qu'un artiste original est survenu) nous apparaît entièrement différent de l'ancien, mais parfaitement clair[39].

S'il est si important pour Proust de commenter le tableau d'Elstir – que la critique qui cherche des rapprochements avec des peintures existantes, a du reste du mal à situer[40] – ce n'est pas parce que ce tableau est fictif, mais bien parce qu'il permet d'exposer une certaine manière de voir la réalité, celle qui est, précisément, à la base de l'esthétique proustienne : le tableau d'Elstir, peut-on lire dans un brouillon issu du Cahier 34, « avait cette même unité profonde qu'ont nos impressions[41] ». On retrouve dans ces « métamorphoses » picturales, le rapport métaphorique, fondé sur l'analogie qui, comme l'a montré Gérard Genette[42], a la prééminence absolue dans l'écriture proustienne. On se souviendra ici des innombrables équivalences, sur la base du sensible ; selon cette même *confusion optique* qui marque les tableaux d'Elstir, est saisie l'essence des choses et des êtres, révélée ce que Proust appelle leur « vérité » : Venise fait surgir Combray, Balbec renvoie à Venise, la musique de Vinteuil évoque une promenade au bois de Boulogne, Albertine est liée à la mer, Mlle de Stermaria à la Bretagne, et ces exemples pourraient être largement prolongés ; car, nous dit Proust, la beauté d'une chose ne peut être connue que dans

37 *Id.*
38 La description des marines d'Elstir s'étend sur plusieurs pages : *Recherche*, t. II, p. 192-196.
39 *Recherche*, t. II, p. 623.
40 La critique cite plusieurs peintres : Turner, Manet, Monet, Boudin et Seurat ; voir *Recherche*, t. II, la note p. 1436.
41 *Esquisse LXI*, *Recherche*, t. II, p. 986.
42 Gérard Genette, « Métonymie chez Proust », *Figures III*, Seuil, 1972, p. 41-63.

une autre[43], à travers son équivalent sensible (et non grâce à une explication matérielle et érudite).

La longue description du tableau d'Elstir représentant le port de Carquethuit (ou encore, située immédiatement après, la description d'une toile représentant un paysage marin de Balbec) ne contient pas les éléments caractéristiques d'une *ekphrasis* traditionnelle ; elle ne nous invite aucunement à quitter le roman pour regarder un tableau : au contraire, elle constitue une porte d'entrée dans l'œuvre de Proust. L'impression prime sur le raisonnement : car la réalité, nous dit Proust, ne trouve sa vérité – obscurcie par l'habitude, l'intelligence –, qu'à travers la vision individuelle, particulière de celui qui la saisit dans une œuvre d'art.

C'est dire encore que la *fonction ontologique* représente un rapport plus complexe que les autres fonctions. En dévoilant dans un autre art, la peinture, l'essence de l'art premier, la littérature, elle désigne pour le Narrateur comme ensuite pour le lecteur, l'essence de la vie[44]. L'Art arrache la vie à la contingence, la réduplication des arts confère un sens à l'existence humaine.

Cette dialectique de la déception (fresques de Giotto) et de la joie (toiles d'Elstir) détermine le rôle – à côté de celui de la mémoire et de celui de la métaphore – que jouent les tableaux dans la *Recherche*. Sur le plan narratif, on peut distinguer en outre, comme je viens de le faire, les fonctions psychologique et rhétorique, mais ces fonctions se laissent finalement absorber par cette dialectique déception-joie : pour le personnage romanesque, comme pour le lecteur, les tableaux introduisent toujours un élément qui trouble la vie vécue, la surface réaliste – soit afin d'en montrer l'inanité, soit afin de la transformer en vérité. Le tableau instaure toujours un écart : il nous enseigne qu'il faut nous méfier de la réalité ; tantôt il rehausse, il embellit celle-ci pour déclencher ensuite un mécanisme déceptif, tantôt il dérange immédiatement notre regard, lié aux conventions, pour recréer la vraie vie.

Le tableau est un opérateur peut-être même plus puissant que la mémoire involontaire puisqu'il ne dépend pas des caprices bienveillants du hasard : il est toujours là, sa présence dépend de notre volonté, de la force de notre imagination. Deux exemples très éloignés l'un de l'autre

43 *Recherche*, t. III, p. 889.

44 Cette dernière fonction est caractéristique de la poétique proustienne ; contrairement aux autres fonctions, on ne la trouve pas fréquemment en littérature.

permettront de montrer l'immense puissance des tableaux : ils peuvent transfigurer les moments les plus intimes, comme les moments les plus mondains. Dans le cabinet aux branches de lilas, le plaisir solitaire évoque au jeune Narrateur un tableau d'Hubert Robert[45] :

> Je sentais mon regard puissant dans mes prunelles porter comme de simples reflets sans réalité les belles collines bombées qui s'élevaient comme des seins des deux côtés du fleuve [...]. Je repris haleine un instant ; pour m'asseoir sur le siège sans être dérangé par le soleil qui le chauffait, je lui dis : « Ôte-toi de là mon petit que je m'y mette » et je tirai le rideau de la fenêtre, mais la branche du lilas l'empêchait de fermer. Enfin s'éleva un jet d'opale, par élans successifs, comme, au moment où il s'élance, le jet d'eau de Saint-Cloud que nous pouvons reconnaître – car dans l'écoulement incessant de ses eaux, il a son individualité que dessine gracieusement sa courbe résistante – dans le portrait qu'en a laissé Hubert Robert.

Et Swann, écoutant chez les Verdurin le pianiste jouer la petite phrase de la sonate de Vinteuil, reconnaît les tableaux de Pieter De Hoogh :

> Il commençait par la tenue des trémolos de violon que pendant quelques mesures on entend seuls, occupant tout le premier plan, puis tout d'un coup ils semblaient s'écarter et, comme dans ces tableaux de Pieter de Hooch, qu'approfondit le cadre étroit d'une porte entrouverte, tout au loin, d'une couleur autre, dans le velouté d'une lumière interposée, la petite phrase apparaissait, dansante, pastorale, intercalée, épisodique, appartenant à un autre monde[46].

La sensation physique éprouvée par l'adolescent, comme les angoisses réprimées de l'amoureux deviennent, grâce aux tableaux, grâce à leur métaphorisation par les tableaux, des moments essentiels, des moments de vérité. Il est intéressant encore de noter ici que, dans les deux cas, la réalité vécue est doublement transcendée : la scène de masturbation renvoie à la fois au tableau d'Hubert Robert et au jet d'eau de Saint-Cloud

---

45 Ce passage est un fragment tiré du Cahier I : *Recherche*, t. I, *Esquisse III*, p. 646. Cette esquisse – nouvelle tentative pour construire le début du récit – développe des souvenirs d'enfance et d'adolescence. La scène de masturbation et la comparaison avec le tableau d'Hubert Robert, *Les Grandes eaux de Saint-Cloud*, ont disparu du texte définitif, mais selon l'un de ces sacrilèges inconscients (ou non) dont Proust a le don, le tableau d'Hubert Robert, réapparaît dans *Un amour de Swann* sous la forme d'une reproduction offerte au Narrateur par sa grand-mère dans un but éducatif !

46 *Recherche*, t. I, p. 215.

(que Proust décrit longuement dans Sodome et Gomorrhe[47] !) ; celle de la soirée Verdurin greffe, pour ainsi dire, la peinture sur la musique.

Dans l'univers proustien, le tableau n'est jamais autonome ; lorsqu'il apparaît, le plus souvent au détour d'une phrase, presque caché, comme une allusion rapide mais puissante, il porte un double enseignement : il dénonce les illusions du réalisme et il annonce, comme dans un éclair, les merveilleux moyens dont l'homme, grâce à l'art, dispose pour y échapper. Le tableau n'est pas là pour être admiré mais pour pénétrer dans notre vie, pour changer notre vie. En dernière analyse, toute référence picturale sert la métaphorisation du réel.

Les comparaisons et descriptions picturales dispersées dans la *Recherche* forment ainsi une introduction constante, soutenue jusqu'à la fin, de l'art dans la vie. Elles sont le doublet qui colore la fiction d'une matière précieuse par la contamination avec la matière du tableau, et elles injectent du temps et de l'espace dans la narration ; en effet, elles établissent, non seulement pour le Narrateur mais aussi pour le lecteur, un trajet entre un ici et ailleurs, dans un autrefois et un avenir – le tableau évoqué suscitant non seulement l'image d'un objet d'art mais, avec lui, des souvenirs, réminiscences d'un temps, d'un lieu, et des projets, projets de voyage pour le voir encore, l'admirer pour la première fois.

LE ROMAN PICTURAL D'ALBERTINE

Albertine est l'un des personnages les plus importants d'*À la recherche du temps perdu*, c'est en elle que se rassemblent les lignes de force du roman proustien, épistémologique, poétique et érotique. La passion douloureuse que le Narrateur éprouve pour Albertine occupe le centre

47 Dans *Sodome et Gomorrhe* (*Recherche*, t. III, p. 56-57), Proust s'inspire du jet d'eau du parc de Saint-Cloud (qui servit plusieurs fois de modèle à Hubert Robert) pour décrire le jet d'eau des jardins Guermantes. La scène, initiale, de masturbation fait ici l'objet d'un bien curieux déplacement : « Or, au moment où Mme d'Arpajon allait s'engager dans l'une des colonnades, un fort coup de brise tordit le jet d'eau et inonda si complètement la belle dame que, l'eau dégoulinant de son décolletage dans l'intérieur de sa robe, elle fut aussi trempée que si on l'avait plongée dans un bain » (p. 57).

du récit, et il est tout à fait significatif que, ici encore, la peinture soit détournée par Proust pour soutenir son récit.

Nous allons examiner à présent les cinq tableaux qui accompagnent – en l'éclaircissant et en l'approfondissant à la fois – le mystère d'Albertine. Leur rôle est si central et si évident qu'il convient sans doute de parler, parallèlement au « roman d'Albertine », du *roman pictural d'Albertine*[48]. La plupart de ces tableaux a fait l'objet, bien entendu, de diverses études (en particulier historiques et génétiques), mais, curieusement, la critique proustienne ne s'est pas arrêtée jusqu'à présent sur le lien narratologique étroit qui les rattache. En fait, ces tableaux (Elstir, Giotto, Titien, Carpaccio, et encore Giotto) accompagnent avec des fonctions précises les différentes étapes de la passion du Narrateur pour Albertine.

Dans l'univers proustien, la peinture, lorsqu'elle concerne les personnages, a toujours une connotation érotique. En effet, le désir pour advenir réclame un *medium*[49] : ce sera la peinture, et parfois la musique, comme la petite phrase de Vinteuil que Swann assimile « au plaisir de l'amour[50] ». *Eros*, de manière très baudelairienne, n'advient jamais que travesti. Un des exemples les plus saisissants du rapport que l'art entretient avec le désir est bien sûr celui d'Odette-Botticelli, mais plus encore peut-être que Swann, le Narrateur enveloppe Albertine d'un réseau d'analogies artistiques qui n'est pas sans rappeler l'idéal wagnérien de l'art total, du *Gesamtkunstwerk*. De plus, l'érotisme est ici renforcé par le mystère qui enveloppe un être insaisissable, toujours en fuite, par la fascination que le Narrateur ressent pour le continent de Gomorrhe découvert lors de la valse « contre seins » d'Albertine et d'Andrée. Ce sont les petites phrases cliniques du Docteur Cottard[51] : « j'ai oublié mon lorgnon

---

48 Je reprends ici certains éléments de mon article intitulé « Le Roman pictural d'Albertine », *Littérature* 123, Paris, ©Armand Colin, 2001, p. 101-118.

49 Voir l'article de Volker Roloff qui insiste sur le fait que chez Proust « les éléments érotiques, esthétiques, moraux et épistémologiques sont étroitement liés » : « Sur l'esthétique du voyeur dans la *Recherche*. Curiosité et spectacle du désir », dans *Marcel Proust 2, Nouvelles directions de la recherche proustienne*, éd. Bernard Brun, Paris, Minard, 2000, p. 273-293.

50 *Recherche*, t. IV, p. 454.

51 Témoignant de la jonction chez Proust entre le pictural et le libidinal, le Cahier 46 nous apprend qu'avant d'être attribuée à Cottard, c'est Elstir qui prononce dans la salle de danse du casino les fatales remarques (C.46, 66 r°), comme l'a montré Yasué Kato, *Étude génétique des épisodes d'Elstir dans À la recherche du temps perdu*, Surugadai-shuppanscha, 1999, p. 216. Dans le texte définitif, Elstir est resté celui qui aime faire des mariages, « même entre femmes » (*Recherche*, t. I, p. 199) ; on lira avec profit le bel article d'Antoine

et je ne vois pas bien, mais elles sont certainement au comble de la jouissance. On ne sait pas assez que c'est surtout par les seins que les femmes l'éprouvent. Et voyez, les leurs se touchent complètement[52] », qui déclenchent, rappelons-le, la passion du Narrateur, en lui laissant entrevoir une *terra incognita* – « Cet amour entre femmes était quelque chose de trop inconnu, dont rien ne permettait d'imaginer avec certitude, avec justesse, les plaisirs, la qualité[53] » –, dès lors source de jalousie et de souffrance :

> […] je me rappelai tout d'un coup ce que Cottard m'avait dit dans la salle de danse du petit casino, et comme si un chaînon invisible eût pu relier un organe et les images du souvenir, celle d'Albertine appuyant ses seins contre ceux d'Andrée me faisait un mal terrible au cœur[54].

Les tableaux qui constituent le roman pictural d'Albertine sont en rapport étroit avec une jouissance autre et secrète, avec cette question que Proust ne cesse de poser : que peuvent bien faire deux femmes ensemble ? Ils fixent extraordinairement l'ambiguïté sexuelle, universelle, des personnages proustiens.

À cet égard, il est sans doute remarquable que dans ces vues en peinture d'Albertine le vêtement soit central ; toujours très précisément décrit, il pourrait être indifféremment celui d'un homme ou d'une femme : « veston[55] » de *Miss Sacripant*, houppelande des allégories de Giotto, manteau de Fortuny et du compagnon de la Calza peint par Carpaccio, ou, dans un brouillon[56] non retenu, ce « manteau aussi terrible » que la tunique de Méduse transformant Albertine sous la pluie en un guerrier de Mantegna[57], enveloppent, dissimulent le corps d'Albertine de leurs plis, polymorphisent son sexe. Faut-il y lire un transfert ? Y voir l'obsédante image d'Alfred Agostinelli, modèle

---

Compagnon, « La "danse contre seins" » dans *Marcel Proust, Écrire sans fin*, éd. Rainer Warning et Jean Milly, Paris, CNRS éditions, 1996, p. 79-99.

52 *Recherche*, t. III, p. 191.

53 *Ibid.*, p. 887.

54 *Ibid.*, p. 268.

55 *Recherche*, t. II, p. 204.

56 Ce brouillon fait partie du Cahier 71 et a été rédigé en 1914, voir *Recherche*, t. III, esquisse XVI, p. 1069.

57 *Recherche*, t. III, p. 1069. Voir Antoine Compagnon et sa lecture de ce passage qui, à travers Mantegna, relie Albertine, Méduse et Salomé : *Proust entre deux siècles*, Paris, Seuil, 1989, p. 116-126.

d'Albertine, le grand amour de Proust, qu'une photo représente en compagnie d'Odilon Albaret[58], le corps entièrement dissimulé sous les plis caoutchoutés d'un manteau de mécanicien ? Toujours est-il que dans la *Recherche*, le long manteau – ou la houppelande – est clairement lié au désir, et même à l'inversion ; regardons par exemple Saint-Loup quittant un hôtel de passe, « son uniforme dissimulé dans une grande houppelande[59] ». Selon l'un de ces paradoxes si fréquents chez Proust, la houppelande des vierges de l'Arena sera donc aussi le vêtement des sodomistes : « marchant derrière deux zouaves qui ne semblaient guère se préoccuper de lui, j'aperçus un homme grand et gros, en feutre mou, en longue houppelande [...]. Une seconde je me demandai qui me disait bonjour ; c'était M. de Charlus[60] » ... Enfin, il est sans doute significatif que, dans son article « Impressions de route en automobile », paru dans *Le Figaro* du 19 novembre 1907, repris en 1919 dans *Pastiches et Mélanges*, Proust évoque Agostinelli et ce manteau qui hantera la *Recherche*, en des termes à la fois masculins et féminins :

> [...] mon mécanicien avait revêtu une vaste mante de caoutchouc et coiffé une sorte de capuche qui, enserrant la plénitude de son jeune visage imberbe, le faisait ressembler, tandis que nous nous enfoncions de plus en plus vite dans la nuit, à quelque pèlerin ou plutôt à quelque nonne de la vitesse[61].

LE SEXE DE *MISS SACRIPANT*

Miss Sacripant[62], tableau fictif, titre de l'aquarelle peinte par Elstir, que le Narrateur découvre à Balbec dans l'atelier du peintre, n'est pas lié explicitement à Albertine. *Miss Sacripant* cache d'abord Odette, le grand amour de Swann, qui fut aussi la fameuse « dame en rose » que le Narrateur enfant, « éperdu d'amour », rencontre chez son oncle. Le

---

58 Photographie prise à Monaco par Anda Toucard, « Odilon Albaret et Alfred Agostinelli », 1908, Paris, BNF, dans Catalogue de l'exposition *Marcel Proust, l'écriture et les arts*, *op. cit.*, p. 220. Albaret et Agostinelli étaient en 1907 les chauffeurs de Proust pour ses promenades en Normandie.

59 *Recherche*, t. IV, p. 389.

60 *Ibid.*, p. 342-343.

61 *Pastiches et mélanges*, *CSB*, p. 66-67.

62 Ce tableau d'Elstir fait l'objet d'une longue description dans *Recherche*, t. II, p. 203-205. On lira avec profit Raymonde Coudert, *Proust au féminin*, Paris, Grasset / *Le Monde*, 1998, p. 43-74 et l'étude de Philippe Boyer, « Vues en peintures d'Odette », dans *Proust et ses peintres*, 2000, *op. cit.*, p. 17-26.

rose, anagramme d'*eros*, couleur proustienne par excellence, reprise au Baudelaire des *Fleurs du mal* – « Rappelle-toi – dit le Narrateur du *Contre Sainte-Beuve* à sa mère –, que toutes les couleurs vraies, modernes, poétiques, c'est lui qui les a trouvées, pas très poussées, mais délicieuses, surtout les roses, avec du bleu, de l'or ou du vert[63] » – recueil qui fut d'abord titré *Les Lesbiennes*[64], sera aussi la couleur d'Albertine, « ce fruit rose inconnu[65] » dont le Narrateur veut savoir le goût. *Miss Sacripant* est un tableau palimpseste derrière lequel se cache Albertine. Représentant une actrice travestie, dont le costume fait hésiter le Narrateur sur « le sexe du modèle[66] », l'aquarelle d'Elstir annonce la gémellité d'Albertine avec Odette, et cette même indécision sexuelle que résume encore le titre du tableau, alliance du féminin, *Miss*, et du masculin, *sacripant*.

Pour que le lecteur établisse une correspondance entre *Miss Sacripant* et Albertine, Proust a placé un long passage descriptif de cette peinture – dont nous ne citerons ici qu'une partie – à un moment stratégique dans le déroulement du récit, au tout début des amours du Narrateur. Albertine, la jeune cycliste inconnue, qui fait partie de « la petite bande » s'encadre un instant dans la fenêtre de l'atelier d'Elstir ; elle disparaît rejoindre ses amies, et c'est presque sans transition que le Narrateur, présent dans l'atelier du peintre, découvre alors, caché parmi d'anciennes études, une aquarelle, un portrait représentant une femme d'un « type curieux » :

> Le caractère ambigu de l'être dont j'avais le portrait sous les yeux tenait sans que je le comprise à ce que c'était une jeune actrice d'autrefois en demi-travesti. Mais son melon, sous lequel ses cheveux bouffants, mais courts, son veston de velours sans revers ouvrant sur un plastron blanc me firent hésiter sur la date de la mode et le sexe du modèle, de façon que je ne savais pas exactement ce que j'avais sous les yeux [...]. Le long des lignes du visage, le sexe avait l'air sur le point d'avouer qu'il était celui d'une fille un peu garçonnière, s'évanouissait, et plus loin se retrouvait, suggérant plutôt l'idée d'un jeune

63 « Sainte-Beuve et Baudelaire », *Contre Sainte-Beuve*, *CSB*, p. 258.

64 Proust s'interroge, dans une lettre adressée à Jacques Rivière, sur la fascination baudelairienne pour le lesbianisme : « Comment a-t-il pu s'intéresser si particulièrement aux lesbiennes que d'aller jusqu'à vouloir donner leur nom à tout son splendide ouvrage ? », « À propos de Baudelaire », *Essais et articles*, *CSB*, p. 632.

65 *Recherche*, t. II, p. 286.

66 *Ibid.*, p. 204.

> efféminé vicieux et songeur, puis fuyait encore, restait insaisissable [...]. Au bas du portrait était écrit : *Miss Sacripant*, octobre 1872[67].

Proust introduit une sorte de suspense, de flou concernant l'identité de la femme peinte par Elstir en ne révélant que fort tard au lecteur, dix pages plus loin environ, qu'il s'agit là en fait du portrait d'Odette de Crécy, avant son mariage avec Swann[68]. La silhouette d'Albertine encadrée dans la fenêtre de l'atelier d'Elstir va ainsi se superposer à l'aquarelle, à ce « jeune être qui semblait s'offrir aux caresses dans ce provoquant costume », selon l'une de ces « erreurs optiques » si prisées par le peintre. Des éléments précis de la description peuvent s'appliquer directement à Albertine. *Sacripant*, synonyme de « vaurien » ou de « chenapan » préfigure Albertine qui a un « genre si voyou[69] », et trouve son pendant pictural, à la fin du roman d'Albertine, en ce jeune vénitien hédoniste et fêtard, ce *compagnon de la Calza* peint par Carpaccio, en qui le Narrateur croit reconnaître Albertine morte. Le chapeau melon de la *Miss* semble une réplique du « polo noir » que porte Albertine à Balbec, coiffure masculine fort inhabituelle chez une jeune fille de la bourgeoisie. Enfin, le qualificatif « insaisissable » évoque celle qui sera bientôt désignée comme « être de fuite ». Superpositions proustiennes : *Miss Sacripant* cache la dame en rose, qui cache Odette, qui cache Albertine, mais aussi Lea, mais aussi Gilberte, Andrée, Rachel, selon une série déclinable à l'infini puisque les femmes proustiennes sont toujours des *Miss Sacripant* ; et c'est en ce sens que l'aquarelle d'Elstir, longuement décrite et située au début du récit, a une fonction *structurale.* La fonction structurale du tableau, la plus fréquemment utilisée par les romanciers, est une fonction réflexive : le tableau réfléchit et résume de façon emblématique certains aspects de l'histoire. Cette fonction structurale est généralement prémonitoire et prédictive : placé au début du récit, le tableau prédit en quelque sorte les évènements à venir.

À propos des femmes proustiennes, la critique a parlé d'hermaphroditisme dans la lignée des décadents et certes, la *Recherche* a indéniablement un côté fin de siècle ; mais elles sont d'abord dans cet entre-deux flou, dans ce système fluctuant, « à la fois masculin et

---

67 *Ibid.*, p. 203-205.
68 *Ibid.*, p. 215-216.
69 *Ibid.*, p. 200.

féminin[70] », système paratopique qui érotise parce qu'il force à déchiffrer. La femme qui échappe, qui reste inaccessible, celle que l'homme, Swann, Marcel, ou Saint-Loup va aimer, n'est pas simplement la femme qui aime les femmes :

> [...] chez des femmes comme la fille d'Odette ou les jeunes filles de la petite bande il y a une telle diversité, un tel cumul de goûts alternants si même ils ne sont pas simultanés, qu'elles passent aisément d'une liaison avec une femme à un grand amour pour un homme, si bien que définir le goût réel et dominant reste difficile[71].

Elles représentent cet être androgyne qui fascinera Proust et qui, nous dit-il, survient quelquefois dans nos rêves – comme dans ce tableau de Carpaccio, tant aimé de Proust, copié de la main de Ruskin, *Le Rêve de sainte Ursule*[72], où une créature à la fois humaine (un beau jeune homme) et angélique (parée de grandes ailes) apparaît face à la sainte couchée dans son lit étroit. Car le sommeil, lisons-nous, « est comme un second appartement que nous aurions et où, délaissant le nôtre, nous serions allés dormir [...]. La race qui l'habite, comme celle des premiers humains est androgyne. Un homme y apparaît au bout d'un instant sous l'aspect d'une femme. Les choses y ont une aptitude à devenir des hommes[73] ».

Proust reprend donc l'étonnante histoire de la généalogie du désir que dans *Le Banquet* Platon fait raconter à Aristophane : les premiers humains sont porteurs des deux sexes, mais les dieux se vengeront de ces arrogantes créatures en les coupant en deux. Le désir est ainsi la quête infinie de la moitié perdue. Et il est clair que Proust, lorsqu'il parle du Temps, ressuscité par le rêve – « Et bien plus, c'était peut-être aussi – dit le Narrateur – par le jeu formidable qu'il fait avec le Temps que le Rêve m'avait fasciné[74] » – ne pense pas seulement à son époque, à la société française du tournant du siècle ; Proust remonte aux temps bibliques de Sodome et Gomorrhe, et au-delà encore, jusqu'aux temps mythologiques où triomphe la race disparue, la race originelle des

70 Concernant l'hermaphrodisme chez Proust, on retiendra, parmi de nombreuses études, celle d'Antoine Compagnon, *Proust entre deux siècles*, Paris, Seuil, 1989, p. 106.

71 *Recherche*, IV, p. 286.

72 Ruskin avait réalisé une copie de ce tableau de Carpaccio que Proust a pu voir, reproduite en couleur, dans la « Library Edition », vol. XXVII, *op. cit.*, planche VIII, face à la p. 344.

73 *Recherche*, t. III, p. 370.

74 *Recherche*, t. IV, p. 490.

hermaphrodites, dont découlera Sodome et Gomorrhe, ascendance qui donne aux invertis un bien autre prestige que la simple « confrérie ». Certains tableaux d'Elstir de la « collection Guermantes », datant des débuts du peintre[75], époque à laquelle il peint aussi *Miss Sacripant*, évoquent ces temps très anciens, et sont proches du « monde mystérieux » de Gustave Moreau ; dans l'une de ses études de jeunesse où il s'essaie à la critique d'art, Proust décrit, de manière ekphrastique cette fois, une toile de Moreau :

> Nous sommes dans un salon, nous causons, tout d'un coup nous levons les yeux et nous apercevons une toile que nous ne connaissons pas et que nous avons déjà reconnue, comme le souvenir d'une vie antérieure. Ces chevaux à l'air indompté et tendre, harnachés de pierres précieuses et de roses, ce poète qui a une figure de femme, un manteau d'un bleu sombre et une lyre à la main, et tous ces hommes imberbes à la figure de femme, couronnés d'hortensias et inclinant des branches de tubéreuses[76].

L'androgyne rencontré dans le sommeil se trouvera relayé dans la réalité éveillée par cet entre-deux d'une « fille un peu garçonnière » et d'un « jeune efféminé vicieux », garant d'une polysémie : polysémie d'Albertine, d'Odette, des femmes proustiennes, mais aussi des « hommes-femmes » de la *Recherche*, Saint-Loup, Charlus : « De plus je comprenais maintenant pourquoi tout à l'heure [...], j'avais pu trouver que M. de Charlus avait l'air d'une femme : c'en était une[77] ! ». Et l'être androgyne s'inscrit bien sûr dans le travestissement, sujet de *Miss Sacripant* qui ponctue la *Recherche* de ses ambiguïtés. C'est Albertine « déguisée en homme[78] », pour ne pas être reconnue dans les rues d'Auteuil, c'est Léa, habillée en jeune homme, s'enfonçant à petits pas, aux côtés de Gilberte, dans l'avenue des Champs-Élysées[79], Gilberte, que sa tenue fait ressembler un soir à « un travesti mythologique[80] », c'est Andrée qui garde « le flegme souriant d'un dandy

75 Êtres asexués, centaures, ou bien Muses « représentées comme le seraient des êtres appartenant à une espèce fossile mais qu'il n'eût pas été rare, aux temps mythologiques, de voir passer le soir, par deux ou par trois, le long de quelque sentier montagneux » (*Recherche*, t. II, p. 714-715).

76 « Notes sur le monde mystérieux de Gustave Moreau », *Essais et articles*, *CSB*, p. 669.

77 *Recherche*, t. III, p. 16.

78 *Ibid.*, p. 838.

79 *Recherche*, t. I, p. 612.

80 *Ibid.*, p. 554.

femelle[81] ». Obsession proustienne de la mutation des sexes[82] que résumerait encore l'image du mystérieux danseur croisé à l'une des représentations de Rachel et qui traverse un instant le roman, comme dans un rêve : « un jeune homme en toque de velours noir, en jupe hortensia, les joues crayonnées de rouge comme une page d'album de Watteau[83] ».

L'*IDOLÂTRIE* DE GIOTTO ET L'INFIDÉLITÉ

C'est Swann qui a offert au Narrateur enfant, pour orner la salle d'études à Combray, une reproduction des allégories des Vices et des Vertus de Giotto, qu'on peut voir à Padoue dans la Chapelle de l'Arena. Ses figures allégoriques ont une importance considérable pour le Narrateur –on l'a vu précédemment avec la Charité (*Caritas*) – lui permettant de faire des découvertes décisives au sujet de cet immense problème épistémologique de la connaissance d'autrui. Dans le cheminement du Narrateur, l'Idolâtrie[84] (*Infidelitas*) constitue, là encore une étape cruciale.

À Balbec, le souvenir de la figure de l'Idolâtrie (*Infidelitas*) représentée par Giotto dans l'une de ces fresques qui avaient été le « rêve d'art de son enfance », permet au Narrateur – reprenant cette habitude coutumière à Swann de comparer une personne réelle avec la toile d'un grand maître –, d'affirmer sans en avoir l'air, l'un des traits inquiétants d'Albertine :

> Un des matins qui suivirent celui où Andrée m'avait dit qu'elle était obligée de rester auprès de sa mère, je faisais quelques pas avec Albertine que j'avais aperçue, élevant au bout d'un cordonnet un attribut bizarre qui la faisait ressembler à l'« Idolâtrie » de Giotto ; il s'appelle d'ailleurs un « diabolo » et est tellement tombé en désuétude que devant le portrait d'une jeune fille en tenant un, les commentateurs de l'avenir pourront disserter comme devant telle figure allégorique de l'Arena, sur ce qu'elle a dans la main[85].

Proust s'est vraisemblablement inspiré pour ce passage de la reproduction réalisée par Ruskin de la fresque de Giotto, insérée dans la

81 *Recherche*, t. II, p. 268.

82 Brassaï commente longuement ces réincarnations du féminin en masculin et vice-versa : *Marcel Proust sous l'emprise de la photographie*, Paris, Gallimard, 1997.

83 *Recherche*, t. II, p. 475.

84 Voir Fig. 2 – Giotto, L'Idolâtrie (*Infidelitas*), 1305-1306, chapelle des Scrovegni, Padoue.

85 *Recherche*, t. II, p. 241.

Library Edition[86], mais, comme pour la Charité, il néglige la dimension religieuse de l'allégorie, profanant en même temps le (trop victorien, trop moralisateur) regard ruskinien. Proust s'approprie littéralement la fresque de Giotto : il n'en retient en effet que ce qui sert son roman : le titre (l'idolâtrie étant, nous l'avons vu, un problème central pour Proust), et ce qu'on voit de la manière la plus réaliste, la plus « plate » : deux femmes ensemble.

En effet, la figure de l'Idolâtrie (voir Fig. 2), enveloppée dans une de ces « houppelandes qui revêtent certaines des figures symboliques de Giotto[87] », représente un personnage dont on dira, contrairement à ce qu'avance l'édition de la Pléiade[88], qu'il n'est pas masculin mais féminin. Proust parle bien en effet des « femmes[89] » de Giotto, des « déesses » de Giotto, suivant ainsi Ruskin décrivant les allégories dans ses *Stones of Venice*[90]. Et « l'attribut bizarre » qui, ressemble à un « diabolo », en fait une petite "idole" que la figure allégorique tient dans sa main, reliée à son cou par une corde, représente également une figure féminine, redoublant ainsi en quelque sorte, à une échelle réduite, la première. Ce redoublement « féminin » semble prédire ce que Marcel ne découvrira que bien plus tard : le goût d'Albertine pour les femmes. Le mot de « diabolo » et ses connotations terrifiantes fait écho à la perception première du Narrateur lorsque sur la digue de Balbec surgit « la petite bande » des jeunes filles, comme « Mephistophéles surgissant devant Faust[91] », comme « une simple objectivation irréelle et diabolique du tempérament opposé au mien, de la vitalité quasi barbare et cruelle dont était si dépourvue ma faiblesse[92] ».

---

86 La correspondance de Proust (*Corr*, t. VII, p. 274), nous apprend qu'il possédait les 39 tomes parus entre 1903 et 1912 de la « Library Edition ».

87 *Recherche*, t. I, p. 79-80.

88 Dans la note de l'édition de la Pléiade, 1971, la figure de l'Idolâtrie est en effet désignée, à tort, nous semble-t-il, comme étant du sexe masculin : « On y voit un homme tenant dans la main droite une idole qui lui a mis la corde au cou et tournant le dos à dieu. En haut du panneau, on lit le nom du vice ainsi figuré *Infidelitas*, qu'il convient de traduire en français par "Idolâtrie" » (*Recherche*, t. II, p. 1458).

89 *Recherche*, t. I, p. 80.

90 Dans ses *Stones of Venice*, Ruskin décrit bien la figure de l'*Idolâtrie* comme étant du sexe féminin : « bound by a cord round her neck to an image which she carries in her hand, and has flames bursting forth at her feets », *op. cit.*, vol. X, p. 392. Voir aussi J. Ruskin, *Giotto and his* works in Padua, vol. XXIV, *op. cit.*, p. 116, 121.

91 *Recherche*, t. II, p. 210.

92 *Id.*

La figure de L'Idolâtrie, lue de manière réaliste comme Proust nous invite à le faire, est une allégorie de Gomorrhe ; derrière Albertine « Idolâtrie de Giotto » se dessine en palimpseste « l'Impureté de Giotto ». Proust désigne en effet sous ce nom, dans des brouillons qui furent supprimés pour faire place à l'histoire d'Albertine, la fuyante et vicieuse femme de chambre de Madame Putbus, bien connue pour ses amours lesbiennes, avec qui le Narrateur, ivre de désir, visite sous un soleil brûlant la Chapelle de l'Arena :

> [...] une femme grande, majestueuse, aux cheveux blonds massés sur le front, la tête couverte d'un chapeau en forme de cloche comme une femme allégorique, et qui en effet avait précisément la majesté d'une de ces femmes de Giotto, et tenant un instrument que je reconnus ensuite pour être seulement un face-à-main extrêmement grand et prétentieux mais qui de loin avait l'air d'un de ces attributs qu'on ne sait pas bien démêler d'abord et qui aurait pu être l'emblème de l'impudeur, les balances de la justice ou le miroir de la vérité [...][93].

Ce n'est pas tout ! On notera qu'*Infidelitas* est le titre originel de l'allégorie de Giotto (titre dont la juste traduction en français, reprise par Proust, est « l'Idolâtrie »), et l'infidélité, l'un des traits d'Albertine, que plus tard le Narrateur nommera « grande déesse du Temps[94] ». Paradoxalement, cette désignation n'a rien de sacré, la « déesse du Temps » est en fait une déesse du Temps perdu, une déesse de l'infidélité : c'est par ses infidélités présumées qu'Albertine oblige le Narrateur à remonter le Temps, à explorer un temps qui est, lui, mort à jamais.

Avec L'Idolâtrie qui renvoie implicitement à l'initiale *Infidelitas* (ou *Infidelity* dans le volume XXIV de Ruskin), Proust oublie Giotto, se moque de Ruskin, et jouant des associations suscitées par l'image et son titre, met en place le doublet qui résumera la relation entre Albertine et le héros de la *Recherche* : infidélité et idolâtrie. Car cette représentation de l'idolâtre asservi à son idole – représentation qu'on lira d'abord littéralement sous sa forme gomorrhéenne d'une Albertine aimant les

---

93 Il s'agit d'une version datant de 1911 (Cahier 50, f° 2-17) : voir *Recherche*, t. IV, esquisse XVIII, lire en particulier p. 724-725. L'épisode de la troublante femme de chambre, très important au départ et finalement supprimé par Proust, se trouve dans les Cahiers 36, 23, 24, 48, 50. Dans la version définitive, Madame Putbus quitte Venise avec ses domestiques au moment où le Narrateur et sa mère y arrivent.

94 *Recherche*, t. III, p. 888.

femmes, est encore à l'image de la passion du Narrateur pour Albertine, qui lui a mis « la corde au cou » !

Dans *Le Temps retrouvé*, le Narrateur utilise ce même terme d'idolâtrie pour dire les sentiments éprouvés à l'égard de certaines femmes, celles qui pourraient lui causer de la souffrance : « j'avais un certain sentiment d'idolâtrie pour les futures Gilberte, les futures duchesses de Guermantes, les futures Albertine que je pourrais rencontrer[95] ». Admirons ici les extraordinaires équilibres proustiens : il faudra un autre tableau pour exorciser l'idolâtre, le possédé d'Albertine ; ce sera une toile de Carpaccio qui représente justement une scène d'exorcisme.

TITIEN ET LES BAGUES D'ALBERTINE

À Venise[96], après la mort d'Albertine, plusieurs incidents, des hasards, vont fonctionner comme un Sésame, réveillant le souvenir douloureux d'une Albertine infidèle, l'Albertine d'autrefois, « enfermée au fond de moi comme aux "plombs" d'une Venise intérieure[97] ». Ces incidents, qui sont une ouverture sur le passé, sont nombreux : lettre du coulissier qui apprend au Narrateur les résultats désastreux de ses spéculations financières, et dont, surtout, l'expression professionnelle « Je soignerai vos reports », évoque douloureusement les mots que la jeune fille de Balbec avait employé en parlant à Aimé d'Albertine : « C'est moi qui la soignais[98] ». C'est ensuite le télégramme trompeur que le Narrateur croit signé d'une Albertine ressuscitée alors qu'il s'agit de Gilberte ; et enfin, ce qui nous intéresse ici, plusieurs tableaux qui s'inscrivent dans ce que nous avons nommé « le roman pictural d'Albertine ».

---

95 *Recherche*, t. IV, p. 566.

96 Nous nous référons ici à l'édition de la Pléiade par Jean-Yves Tadié. Soulignons une fois encore, sans entrer plus avant dans ce problème complexe de chronologie et de tomaison, que dans la dactylographie retrouvée d'*Albertine disparue* (voir l'édition annotée de Nathalie Mauriac Dyer et Étienne Wolf, 1987), nommée aussi la « version courte », dactylographie, remaniée par Proust quelques jours avant sa mort, le 18 novembre 1922, la partie « À Venise » est marquée en sa partie centrale d'une importante suppression : les passages concernant le tableau avec l'aigle, et le tableau de Carpaccio avaient, entre autres, été biffés, vraisemblablement pour être remontés ailleurs. Concernant les diverses suppressions dans cette dactylographie, voir en particulier la note en p. 190-191. Voir également la thèse avancée par Luc Fraisse, 2017, *op. cit.* qui, dans son édition très fouillée de *La Fugitive* a opté lui, par contre, pour la « version longue » et donc pour le titre *La Fugitive* ; on lira en particulier ses commentaires éclairants p. 38-81.

97 *Recherche*, t. IV, p. 218.

98 *Ibid.*, p. 219.

La toile de Carpaccio, *Le Patriarche du Grado exorcisant un possédé*, s'inscrit en dernier dans cette série d'expériences de la mémoire involontaire, nous y reviendrons ; car c'est d'abord une autre peinture que nous aimerions évoquer, dont Proust ne nous dit ni l'auteur, ni le titre, qui ranime la souffrance du Narrateur :

> Une autre fois, à San Giorgio dei Schiavoni, un aigle auprès d'un des âpotres, et stylisé de la même façon, réveilla le souvenir et presque la souffrance causée par ces deux bagues dont Françoise m'avait découvert la similitude et dont je n'avais jamais su qui les avait données à Albertine[99].

Si cette simple allusion picturale a retenu tout particulièrement l'intérêt de la critique, c'est d'abord qu'elle constitue une énigme. En effet, on ne trouve à la *Scuola di San Giorgio degli Schiavoni*, située dans le quartier de Castello et que Proust aima tant rejoindre en gondole, aucun tableau, aucune fresque susceptible de correspondre à la description proposée par Proust ; ni à l'étage de la *Scuola*, ni dans la minuscule chapelle-grotte, sombre et fraîche, qui abrite les neufs tableaux commandés en 1502 à Carpaccio par la riche *Scuola* dalmate pour représenter ses saints protecteurs (Saint George, Saint Triphon, Saint Jérôme), dont le célèbre *Saint Gorges et le dragon*. Proust a d'ailleurs hésité sur le lieu où se trouvait l'œuvre qu'il avait en mémoire puisque sur le manuscrit, il a placé un point d'interrogation[100] après le nom de *San Giorgio degli Schiavoni*. Cette énigme a bien entendu suscité des travaux[101] ; des hypothèses ont été formulées, aucune, au dire même parfois des auteurs, ne semble très satisfaisante. Nous pensons cependant avoir identifié la peinture que l'auteur de la *Recherche* avait à l'esprit quand il écrivit ce passage.

---

99 *Ibid.*, p. 220.

100 Cahier XIV, Fo 102, N.A. FR. 16721 ; comme le souligne à ce sujet Christine Falah-Digeon, « Les bagues oubliées, au sujet d'un épisode d'Albertine disparue », *BIP* 27 (1996), p. 75.

101 Voir Christine Falah-Digeon, *op. cit.*, et Alberto Beretta Anguissola, « Pèlerinages proustiens à Venise », *BMP* 44 (1994), p. 42-58 et *id.*, « Les Archétypes de la *Recherche*. Proust ésotérique », dans *Marcel Proust 2, nouvelles directions de la recherche proustienne*, éd. Bernard Brun, Paris-Caen, p. 81. Selon Alberto Beretta Anguissola, il s'agirait d'une icône, *Le Christ en gloire au milieu des douze apôtres*, à l'origine située à San Giorgio dei Greci, aujourd'hui au Musée de l'Institut hellénistique d'études byzantines. Après examen sur place, *de visu*, de ce minuscule tableau, cette hypothèse ne m'a pas du tout semblé convaincante ; il est fort difficile d'y appliquer la description proustienne.

Lire Proust de façon assidue, c'est aussi subrepticement élargir sa vie, c'est devenir attentif – car tels sont ses enseignements –, aux points lumineux du monde sensible : hasards, correspondances, renversantes symétries. Mon ami W. n'avait sans doute aucune raison précise pour choisir comme support à ses phrases si tendrement laconiques cette carte vraisemblablement achetée à Venise et qu'il m'adressait depuis Paris. Et je n'ai d'abord guère prêté attention à la peinture qu'elle représentait. J'ai songé à W., marchant dans Venise, entrant dans la Salute, achetant cette carte à une époque de sa vie que j'ignorais. Pourtant, sur mon bureau d'Amsterdam, l'image étrange insistait. Jusqu'à cette découverte soudaine qui me ravit ; car, comme dans le roman proustien, la connaissance me parvenait ici tout à la fois par les voies du hasard et de l'affectif : le tableau représenté sur la carte de W. était, à n'en pas douter, celui que Proust avait à l'esprit quand il écrivit le passage qui fit couler tant d'encre.

Entrons donc dans l'ancienne sacristie de l'église de la Salute où sont accrochées de nombreuses peintures religieuses, autrefois situées dans le chœur, et que commenta ainsi le comte August von Platen, homosexuel notoire : « Les saints représentés à la Salute sont, ma foi, des saints fort curieux[102] ! ». Face à l'entrée, un grand tableau de Titien (huile sur panneau de bois, tondo), intitulé *Saint Jean l'Évangéliste*[103] (1542-1544) ; il n'a jamais quitté la Salute.

Ce n'est pas un hasard si Proust a retenu pour l'histoire d'Albertine cette étonnante peinture qui évoque bien plus un jeune androgyne qu'une pieuse représentation : à la gauche de l'apôtre apparaît bien l'aigle stylisé, symbole de Saint Jean, mais Titien, remarquablement, nous donne à voir Jean sous la forme d'un beau jeune homme au cou puissant et dégagé, dont, par ailleurs, l'extrême finesse des traits, les cheveux aux épaules font irrésistiblement penser à une jeune femme à la fois voluptueuse et mélancolique ; on parlerait aujourd'hui d'une figure non « genrée » ! La palette des divers tons orangés, coupée juste d'un peu de vert, dont s'est exclusivement servi Titien, contribue à l'extraordinaire sensualité du portrait. Télescopages proustiens ?

---

102 August von Platen, « 4. November 1824. Venedig », *Tagebücher*, Zürich, Manesse Verlag, 1990, p. 400. Nous traduisons.

103 Voir Fig. 3 – Titien (Tiziano Vecellio, dit) *Saint Jean l'Évangéliste*, 1542-1544, Venise, Santa Maria della Salute.

Toujours est-il que quelques lignes plus haut dans le texte de Proust, apparaissent déjà les tons orangés et le nom de Titien pour décrire celle désirée par un Narrateur encore bien iconolâtre : une jeune marchande de verrerie « à la carnation de fleur qui fournissait aux yeux ravis tout une gamme de tons orangés [...]. La beauté de ses dix-sept ans était si noble, si radieuse, que c'était un vrai Titien à acquérir avant de s'en aller[104] ».

Dans une perspective proustienne, c'est-à-dire réaliste et sacrilège, le tableau de Titien représentant l'apôtre avec l'aigle pourrait être lu comme une scène de désir et d'érotisme, réplique de Léda et du cygne, cet autre tableau qui fascinait Proust. L'imaginaire proustien, comme on sait, est bien plus sensible à la mythologie païenne qu'au symbolisme chrétien : le Titien raconterait ainsi encore l'histoire de Ganymède, ce bel adolescent qu'aime Zeus et dont il s'empare en prenant la forme d'un aigle. Et on se souviendra, parmi les dessins qui souvent accompagnent les lettres que Proust envoyait à Reynaldo Hahn, amour et ami, de celui représentant Reynaldo sous les traits d'un aigle avec, sur son plumage, l'inscription de certaines de ses œuvres musicales[105]...

CARPACCIO ET LA SCÈNE D'EXORCISME

C'est toujours à Venise, alors qu'il visite la Galerie de l'Académie, que le Narrateur croit reconnaître sur l'un des personnages du tableau de Carpaccio, *Le Patriarche du Grado exorcise un possédé*[106], le manteau de Fortuny que portait Albertine pour aller à Versailles le soir d'avant sa disparition.

---

104 *Recherche*, t. IV, p. 219.

105 Voir Philippe Sollers, *L'œil de Proust, Les Dessins de Marcel Proust*, Paris, Stock, p. 38-39.

106 Voir Fig. 4 – Vittore Carpaccio, *Patriarche du Grado exorcisant un possédé*, 1494, Venise, Gallerie dell'Accademia. Ce tableau de Carpaccio fait partie du cycle de *La Légende de la Sainte-Croix* (Venise, vers 1495 ; on peut aujourd'hui, comme autrefois, le voir au musée de l'Académie). Proust avait vu les Carpaccio au Musée de l'Académie et dans la minuscule chapelle de *San Giorgio dei Schiavoni*, lors de son séjour à Venise en 1900. La correspondance entre Proust et Maria de Madrazo au sujet de Fortuny a souvent été reproduite (voir *Corr.*, t. XV, p. 49, 56, 58, 62, 63) en particulier les lettres de février et mars 1916. Concernant la genèse de ce passage, voir les notes de Anne Chevalier (*Recherche*, t. IV, p. 1122-1123) et de Nathalie Mauriac Dyer (*La Fugitive*, *op. cit.*, 4 et 5, p. 332-334). Enfin, il faut lire le beau petit livre de Gérard Macé sur le manteau porté par Albertine : *Le Manteau de Fortuny*, Paris, Gallimard, 1987 ; réed. Paris, Le Bruit du temps, 2014.

Dans ses *Venises*[107], Paul Morand, qui fut proche de Proust, raconte que Mariano Fortuny y Madrazo (1871-1949) – d'origine espagnole, vénitien à partir de 1889, peintre, inventeur, couturier –, avait reçu Proust en 1900, dans l'atelier-salon de l'austère et si calme palais Pesaro-Orfei, situé en retrait du grand canal. Maria de Madrazo, la sœur de Reynaldo Hahn, qui accompagnait le jeune Proust lors de son premier voyage à Venise, avait en effet épousé Federico de Madrazo, surnommé « Coco », devenant la tante par alliance de Mariano Fortuny. Au début du siècle, toutes les élégantes, à Paris, à Londres, à Madrid, à New-York, portent ses fameuses robes *Delphos* inspirées de la sculpture grecque, très près du corps, en satin de soie, plissées grâce à une technique dont il fut l'inventeur, et teintes selon des recettes secrètes ; elles aiment aussi revêtir – comme Albertine prisonnière –, ses manteaux en panne de velours, frappés d'or, d'argent, imprimés de motifs byzantins ou de ceux de la Renaissance italienne.

Fortuny, ce « fils génial de Venise[108] » est une incarnation vivante de la poétique proustienne : en retrouvant le secret des étoffes anciennes, en utilisant pour ses tissus des motifs issus d'antiques tableaux vénitiens (Véronèse, Piero della Francesca, Carpaccio) ou copiés d'après les tissus très anciens, datant parfois du Moyen-Âge, rassemblés par sa mère – velours frappé ayant vêtus des doges et des khalifes, brocarts aux tons puissants, ornements d'église et parures de cour, soies précieuses –, Fortuny ressuscite une « Venise tout encombrée d'orient[109] », une somptueuse civilisation byzantine qu'on croyait morte à jamais. Le tableau de Carpaccio (voir Fig. 4) qui fait resurgir Albertine, « emmurée » dans la mémoire du Narrateur, s'inscrit lui aussi dans la grande série des expériences de la mémoire involontaire et précède ainsi les révélations du *Temps retrouvé* :

> Carpaccio [...] qui était le peintre, auquel quand je ne travaillais pas à Saint Marc, nous rendions le plus souvent visite, faillit un jour ranimer mon amour

107 Paul Morand, *Venises*, coll. *L'Imaginaire*, Gallimard 1971, p. 45. À propos de Fortuny (1871-1949), voir Guillermo de Osma, *The Life and Work of Mariano Fortuny*, Aurum Press, London, 1994, et du même auteur : Guillermo de Osma, *Fortuny : his Life and Work*, New York, Skira Rizzoli ; Anne-Marie Deschodt et Doretta Davanzo Poli, *Mariano Fortuny*, Éditions du Regard, Paris, 2000 ; on lira également le Catalogue éponyme de l'exposition qui eut lieu au Musée Galliera du 04.10.2017 au 07.01.2018 : *Fortuny. Un espagnol à Venise*, ouvrage collectif, publié par Sophie Grossiord, Paris-Musées, 2017.

108 *Recherche*, t. IV, p. 226.

109 *Recherche*, t. III, p. 871.

> pour Albertine. Je voyais pour la première fois *Le Patriarche di Grado exorcisant un possédé*. [...] quand tout à coup je sentis au cœur comme une légère morsure. Sur le dos d'un des compagnons de la Calza, reconnaissable aux broderies d'or et de perles qui inscrivent sur leur manteau ou leur collet l'emblème de la joyeuse confrérie à laquelle ils étaient affiliés, je venais de reconnaître le manteau qu'Albertine avait pour venir avec moi en voiture découverte à Versailles, le soir où j'étais loin de me douter qu'une quinzaine d'heures me séparaient à peine du moment où elle partirait de chez moi [...][110].

Dans cette salle de l'Académie de Venise, le Narrateur pense reconnaître « tout » :

> Or c'était dans ce tableau de Carpaccio que le fils génial de Venise l'avait pris, c'est des épaules de ce compagnon de la Calza qu'il l'avait détaché pour le jeter sur celles de tant de Parisiennes qui certes ignoraient comme je l'avais fait jusqu'ici que le modèle en existait dans un groupe de seigneurs, au premier plan du *Patriarche di Grado* [...] et un instant le manteau oublié m'ayant rendu pour le regarder les yeux et le cœur de celui qui allait ce soir-là partir à Versailles avec Albertine, je fus envahi pendant quelques instants par un sentiment trouble et bientôt dissipé de désir et de mélancolie[111].

Dans le tableau de Carpaccio, Proust a réuni tous les fantasmes du Narrateur autour d'Albertine : en effet, si l'on observe attentivement cette toile qui, comme au temps de Proust, se trouve aujourd'hui au Musée de l'Académie, on lira sur le capuchon du manteau de l'un des compagnons de la Calza, situé en retrait, les mots *Con Tempo* (découverts par Alberto Beretta Anguissola[112]), qui mettent en abyme, en quelque sorte, l'œuvre entière : faut-il y voir un lien avec la sacrilège « grande déesse du Temps[113] », celle qui invite, sous une forme pressante et cruelle, à travers ses infidélités, à la recherche du passé ? Plus significatif est le fait que ces jeunes aristocrates excentriques, ces « adolescents en vestes roses, en toques surmontées d'aigrettes[114] » ont indéniablement un aspect féminin. Albertine en figure de Carpaccio est un être androgyne, une autre *Miss Sacripant*.

À cet égard, il est d'ailleurs fort probable que Proust se soit inspiré pour ce passage non pas tant de la reproduction du tableau de Carpaccio

110 *Recherche*, t. IV, p. 225-226.
111 *Ibid.*, p. 226.
112 Alberto Beretta Anguissola, « Pèlerinages proustiens à Venise », 1994, *op. cit.*, p. 42.
113 *Recherche*, t. III, p. 888.
114 *Recherche*, t. IV, p. 225.

dans l'ouvrage des Rosenthal[115], reproduction fort obscure et de taille trop réduite, mais d'une gravure très nette reproduite dans le livre de Ludwig et Molmenti, *Vittore Carpaccio, la vie et l'œuvre du peintre*[116], ouvrage de grande érudition, vraisemblablement prêté à Proust par son amie Maria de Madrazo ; c'est elle, rappelons-le, qui avait suggéré Carpaccio à Proust alors qu'il se renseignait sur Fortuny et voulait savoir « s'il y a à Venise des tableaux (je voudrais seulement quelques titres) où il y a des manteaux, des robes dont Fortuny se serait (ou aurait pu) s'inspirer[117] ». Cette gravure[118] est une esquisse préalable de Carpaccio, intitulée « Dessin du cavalier de la Calza pour le tableau : *Le Patriarche du Grado* » : représenté de dos, drapé dans les plis d'un long manteau, sa longue chevelure déployée jusqu'aux épaules, chevilles gracieuses dépassant du manteau, on ne peut affirmer, là encore, le sexe de ce personnage. Ce qui est certain, par contre, et qui a dû ravir le romancier Proust, c'est que cette gravure fait partie, comme on le lit *texto* en légende, de la *Collection Albertine* !

Autre chose encore : les Rosenthal, dans leur livre sur Carpaccio, décrivent les compagnons de la Calza comme de « joyeux meneurs des réceptions et des spectacles », des « chevaliers du plaisir[119] », mer-

115 Gabrielle et Leon Rosenthal, *Carpaccio, Biographie critique, illustrée de vingt-quatre reproductions hors texte*, dans la série « Les Grands artistes », Paris, Henri Laurens, 1906. Une lettre adressée à Reynaldo Hahn, datée par Philippe Kolb du mois d'août 1907 et dans laquelle Proust demande qu'on prenne dans sa bibliothèque « le petit volume intitulé Carpaccio dans la collection des peintres » (*Lettres à Reynaldo Hahn*, éd. Philip Kolb, Paris, Gallimard, 1956, p. 43) atteste que Proust possédait bien cet ouvrage.

116 Gustav Ludwig et Pompeo Molmenti, *Vittore Carpaccio, la vie et l'œuvre du peintre*, ouvrage traduit par H. L. de Perera, illustré de vingt-six planches en photographies et de deux cent vingt-neuf gravures en noir tirées hors texte, Paris, Librairie Hachette et Cie, 1910. C'est J. Théodore Johnson Jr., le premier, dans son article « La Place de Vittore Carpaccio dans l'œuvre de Marcel Proust », 1984, *op. cit.*, (p. 674-675) qui signale l'utilisation par Proust du livre de Molmenti.

117 Lettre à Madame de Madrazo, datée du 6 février 1916, *Corr.*, t. XV, p. 49. Quelques jours plus tard, le 17 février 1916, Proust poursuit ses investigations : « [...] cette lettre où [...] vous parlez avec une maestria fantastique successivement du Southern Pacific et de Carpaccio, a de quoi éblouir. [...] Quant à Fortuny j'aimerais beaucoup savoir de quels Carpaccio il s'est inspiré ou a pu s'inspirer, et dans ces Carpaccio de quelle robe exactement et dans quelle mesure » (*Corr.*, t. XV, p. 56).

118 Gustav Ludwig et Pompeo Molmenti, *op. cit.*, planche 98, p. 255.

119 Gabrielle et Leon Rosenthal, *op. cit.*, p. 64. Proust a repris littéralement, pour sa longue description du tableau de Carpaccio, plusieurs éléments de l'*ekphrasis* rédigée par les Rosenthal. Voir à ce sujet Annick Bouillaguet, « Entre Proust et Carpaccio, l'intertexte des livres d'art », dans *Proust et ses peintres*, 2000, *op. cit.*, p. 95-102.

veilleuse expression qui a dû frapper Proust. Et qu'il ait pensé un instant remplacer le compagnon de la Calza par une Léda, est révélateur de la dimension sexuelle qu'il voulait donner au tableau dans lequel ressusciterait Albertine : « Je pourrais du reste donner à mon héroïne de vraies robes anciennes et des choses vénitiennes. Vous ne savez pas si une Léda de Boldoni qu'a Helleu a été photographiée ? », demande-t-il à Maria de Madrazo[120]. Or, pour le Narrateur, Leda c'est d'abord cette scène imaginée d'Albertine, « se raidissant » sous les caresses de la petite blanchisseuse : « Alors je ne voyais même plus une cuisse, mais le col hardi d'un cygne, comme celui qui dans une étude frémissante cherche la bouche d'une Léda qu'on voit dans toute la palpitation spécifique du plaisir féminin[121] ».

Proust n'a pas repris aux Rosenthal, qu'il copie abondamment, l'expression de « chevaliers du plaisir » pour désigner les compagnons de la Calza, mais il la traduit, en quelque sorte, avec « joyeuse confrérie ». Ce n'est pas un hasard : le mot confrérie évoque non seulement la petite bande des jeunes filles de Balbec, mais bien sûr encore toutes celles auxquelles appartiennent les personnages de la *Recherche* : confrérie de Gomorrhe, confrérie de Sodome ; « confrérie » est un mot qui « fait trembler » Charlus, car il évoque les homosexuels…

Et ce n'est pas un hasard non plus si Proust, pour décrire la souffrance du Narrateur à la vue du Carpaccio, emploie le mot *morsure* (« je sentis au cœur une légère morsure[122] »), car – et l'on admirera les extraordinaires liens cachés tissés par Proust – ce mot est lié à Albertine, au plaisir qu'elle prenait avec la petite blanchisseuse, et dont Aimé, menant son enquête, rapporte les propos au Narrateur (sous la forme d'une lettre, en italiques dans le texte) :

> […] *Elle m'a demandé si je voulais qu'elle me fît ce qu'elle faisait à Mlle Albertine quand celle-ci ôtait son costume de bain. Et elle m'a dit : (Si vous aviez vu comme elle frétillait cette demoiselle), elle me disait : (Ah ! tu me mets aux anges) et elle était si énervée qu'elle ne pouvait s'empêcher de me mordre.) J'ai vu encore la trace sur le bras de la petite blanchisseuse. Et je comprends le plaisir de Mlle Albertine car cette petite-là est vraiment très habile*[123].

---

120 En post-scriptum à la lettre à Madame de Madrazo du 17 février 1916 (*Corr.*, XV, p. 58).
121 *Recherche*, t. IV, p. 108.
122 *Ibid.*, p. 226.
123 *Ibid.*, p. 106.

Le mot « morsure » réapparaîtra plusieurs fois dans les rêves tourmentés du Narrateur qui voudrait qu'Albertine soit vivante pour pouvoir enfin la confondre : « Tu croyais que je ne saurais jamais ce que tu as fait après m'avoir quitté. Eh bien je sais tout, la blanchisseuse au bord de la Loire, tu lui disais : "Tu me mets aux anges", j'ai vu la morsure[124] ».

La critique, trop préoccupée de la riche genèse de ce passage, n'en parle guère, excepté Gérard Macé[125] ; or le titre du tableau de Carpaccio choisi par l'auteur de la *Recherche* (*Le Patriarche du Grado exorcise un possédé*) n'est certes pas anodin. Il est structurant, il est révélateur, une fois de plus, de la manière dont Proust détourne la peinture aux fins de son roman, et plus encore de l'attention extrême que met l'auteur de la *Recherche* à créer une « caisse de résonnance », à mettre en rapport des éléments parfois très éloignés les uns des autres, tissant ainsi un système extraordinairement subtil d'échos selon lesquels le récit progresse. En effet, L'Idolâtrie de Giotto, située au début de la rencontre avec Albertine, trouve littéralement son répondant, à la fin du récit, avec ce *Patriarche du Grado exorcisant un possédé.* Car Proust accorde bien au tableau de Carpaccio, de manière très freudienne, un pouvoir d'exorcisme : après avoir reconnu Albertine dans la silhouette peinte par Carpaccio, rejoué brièvement la souffrance causée autrefois par elle, le Narrateur idolâtre, le possédé d'Albertine pourra enfin l'oublier. Ressuscitée à Venise, le temps d'un tableau, Albertine n'en retourne que plus profondément à l'oubli.

GIOTTO ET LES ANGES : LE TRAVAIL DU DEUIL

Le dernier tableau concernant Albertine suit presque immédiatement son évocation en jeune Vénitien de Carpaccio. Il s'agit d'une longue description consacrée à une partie de la fresque de Giotto à Padoue, *La Mise au tombeau*[126] (voir reproduction 5). Giotto a en effet surmonté ses sombres allégories des Vices et des Vertus, peintes en soubassement des murs de la chapelle de l'Arena, de fresques aux vifs coloris représentant l'histoire de la Vierge et du Christ. Proust, par ailleurs, isole la partie supérieure de la fresque représentant le ciel et les anges ; la scène

124 *Ibid.*, p. 109.

125 Gérard Macé, *op. cit.*, qui écrit : « le narrateur lui aussi est possédé, par une Albertine qu'il croyait morte, par un amour qui se met à revivre, et dont il ne peut faire son deuil qu'à partir du moment où il revoit le manteau disparu », p. 53.

126 Giotto, *La Mise au tombeau*, 1304-1306, chapelle des Scrovegni, Padoue.

tragique située en-dessous et représentant la mise au tombeau du Christ proprement dite n'est pas évoquée.

Dans son ouvrage déjà ancien sur Proust et la peinture, Juliette Monnin-Hornung écrit que « cette partie de fresque est décrite pour elle-même, sans relation avec le reste de l'œuvre[127] » ; nous pensons tout au contraire que Proust donne à la fresque de Giotto une place déterminante[128] dans l'évolution du « roman d'Albertine ».

Deux choses frappent le Narrateur lorsqu'il pénètre dans la chapelle des Giotto : c'est d'abord le coloris bleu intense de la voûte et du fond des fresques :

> [...] après avoir traversé en plein soleil le jardin de l'Arena, j'entrai dans la chapelle des Giotto où la voûte entière et le fond des fresques sont si bleus qu'il semble que la radieuse journée ait passé le seuil elle aussi avec le visiteur et soit venue un instant mettre à l'ombre et au frais son ciel pur à peine un peu plus foncé d'être débarrassé des dorures de la lumière [...]. Dans ce ciel transporté sur la pierre bleuie volaient des anges que je voyais pour la première fois[129].

Mais c'est aussi, et surtout, caractéristique des figures allégoriques représentées dans cette même chapelle, l'absence de tout symbolisme dans la représentation des anges :

> Eh bien, dans le vol des anges, je retrouvais la même impression d'action effective, littéralement réelle que m'avaient donné les gestes de la Charité ou de l'Envie. Avec tant de ferveur céleste, ou au moins de sagesse et d'application enfantines, qu'ils rapprochent leurs petites mains, les anges sont représentés à l'Arena, mais comme des volatiles d'une espèce particulière ayant existé réellement, ayant dû figurer dans l'histoire naturelle des temps bibliques et évangéliques. [...] on les voit s'élevant, décrivant des courbes, mettant la plus grande aisance à exécuter des loopings [...], et ils font beaucoup plutôt penser à une variété disparue d'oiseaux ou à de jeunes élèves de Fonck s'exerçant au vol plané, qu'aux anges de l'art de la Renaissance et des époques suivantes[130].

---

127 Juliette Monnin-Hornung, *Marcel Proust et la peinture*, Genève, Droz, 1951, p. 70.

128 Karheinz Stierle dans son étude « Giotto und das Imaginäre », a aussi placé, avant notre propre étude, la fresque de Giotto et ses divers éléments sous le signe d'Albertine, 1985, *op. cit.*, p. 231-233. Son interprétation finale diverge cependant entièrement de la nôtre (voir plus loin, la note 150, p. 141 du présent ouvrage).

129 *Recherche*, t. IV, p. 226-227.

130 *Ibid.*, p. 227.

Certes, dans ce passage, Albertine n'est aucunement nommée, pourtant Proust clôt bien ici le cycle des tableaux qui lui est dédié : la fresque de l'Arena renvoie à la toute première vision de la petite bande sur la digue de Balbec, « une procession digne de l'antique et de Giotto[131] », et surtout Proust réunit ici les mots utilisés pour les métaphores qui désignent le plus fréquemment Albertine : « ange », « oiseau », et le coloris « bleu ».

Ange désigne toujours une Albertine dégagée de la jalousie et spiritualisée : « ange musicien[132] », « ange de la musique[133] », Albertine soustraite au monde environnant « était le pur chant des Anges[134] ». Par contre, c'est de la mobilité angoissante d'Albertine « être de fuite », que semble issu le grand réseau métaphorique de l'*oiseau* : jeunes filles « mouettes[135] » sur la plage de Balbec, motif byzantin et vénitien des oiseaux affrontés, brodés sur la robe de chambre de Fortuny, aigle menaçant gravé sur les mystérieuses bagues oubliées. Le regard d'Albertine est une « aile mystérieuse, rapide, bleuâtre[136] ». Quant aux jeunes élèves de Fonck, auxquels sont comparés les anges de Giotto, ils évoquent, par-delà Agostinelli dont l'avion s'abima en Méditerranée par une radieuse journée, les promenades que le Narrateur fait avec Albertine prisonnière pour voir les aérodromes aux alentours de Paris.

L'image de l'oiseau dans l'univers proustien ne dit pas seulement l'être de fuite, l'inaccessibilité : elle est en même temps, si on y regarde bien, éminemment sexuelle. Les affres de la jalousie dessinent Albertine en oiseau séducteur : « Me souvenant de ce qu'elle était sur mon lit, je croyais voir sa cuisse recourbée, je la voyais, c'était un col de cygne, il cherchait la bouche de l'autre jeune fille[137] ». Rappelons donc ici le livre que cite Gilberte, en guise de réponse, alors que le Narrateur lui demande incidemment si Albertine « avait de ces goûts » : « Justement le livre que je tiens là parle de ces choses [...]. C'est un vieux Balzac que je pioche pour me mettre à la hauteur de mes oncles, *La Fille aux yeux d'or*. Mais c'est absurde, invraisemblable,

131 *Recherche*, t. II, p. 165.
132 *Recherche*, t. III, p. 885.
133 *Ibid.*, p. 70.
134 *Ibid.*, p. 621.
135 *Recherche*, t. II, p. 146.
136 *Recherche*, t. IV, p. 141.
137 *Ibid.*, p. 108.

un beau cauchemar[138] », et lisons dans ce roman noir et cruel, tant admiré de Proust, et qui met en scène l'amour lesbien, cette phrase significative : « Paquita joyeuse alla prendre dans un des deux meubles une robe de velours rouge, dont elle habilla de Marsay, puis elle le coiffa d'un bonnet de femme et l'entortilla d'un châle. En riant à ces folies, faites avec une innocence d'enfant, elle riait d'un air convulsif, et ressemblait à un oiseau battant des ailes[139] ».

L'inversion génère de la même manière des hommes-oiseaux : Robert de Saint-Loup semble appartenir à une « espèce si rare, si précieuse qu'on aurait voulu le posséder pour une collection ornithologique » et « on se demandait si c'était dans le faubourg Saint-Germain qu'on se trouvait ou au Jardin des Plantes et si on regardait un grand seigneur traverser un salon ou se promener dans sa cage un oiseau[140] » ; et pensons à la parade Charlus-Jupien : « on eût dit deux oiseaux, le mâle et la femelle, le mâle cherchant à s'avancer, la femelle – Jupien – ne répondant plus par aucun signe à ce manège[141] ». Enfin, on pensera encore aux troublants dessins d'oiseaux réalisés par Proust, dont Reynaldo Hahn en aigle (« Hahn », en allemand, signifie « coq » !), réunis et reproduits dans l'ouvrage de Philippe Sollers[142].

Proust fera d'Albertine, celle qui n'appartient pas à « l'humanité commune, mais à une race étrange qui s'y mêle, s'y cache et ne s'y fond jamais[143] », une femme-oiseau. Si l'oiseau triomphe chez Albertine comme signe de Gomorrhe, c'est d'abord la race disparue des hermaphrodites que Proust suggère dans ces créatures de Giotto « volatiles d'une espèce particulière ayant existé réellement, ayant dû figurer dans l'histoire naturelle des temps bibliques et évangéliques[144] ». Il est cependant remarquable que l'angoissante et mystérieuse dimension sexuelle ait complètement disparu des anges volatiles de l'Arena, remplacée par la sérénité innocente contenue dans « ferveur céleste », « sagesse », « application enfantine ».

---

138 *Ibid.*, p. 284.

139 Balzac, *La Fille aux yeux d'or*, *La Comédie humaine*, « Bibliothèque de la Pléiade », t. V, p. 1091.

140 *Recherche*, t. IV, p. 281-282.

141 *Recherche*, t. III, p. 8.

142 *L'Œil de Proust. Les dessins de Marcel Proust*, 1999, *op. cit.*

143 *Recherche*, t. IV, 108.

144 Il est clair que Proust a ici repris et transformé pour les besoins de son récit la phrase de Ruskin : « But in Giotto's time an angel was a complete creature, as much believed in as a bird », *Giotto and his Works in Padua*, *op. cit.*, p. 72.

Enfin, il faut souligner l'importance de la couleur bleue, couleur qui accompagne les différents moments du roman d'Albertine : ondulations bleues de la mer sur lesquelles se découpe la silhouette de la jeune fille à Balbec, ou le « bleu sombre, admirable[145] » du manteau de Fortuny que porte la Prisonnière et qui, après la mort d'Albertine, devient la tranchante couleur du deuil :

> Enfin il faisait nuit dans l'appartement, je me cognais aux meubles de l'antichambre, mais dans la porte de l'escalier, au milieu du noir que je croyais total, la partie vitrée était translucide et bleue, d'un bleu de fleur, d'un bleu d'aile d'insecte, d'un bleu qui m'eût semblé beau si je n'avais senti qu'il était un dernier reflet, coupant comme un acier, un coup suprême que dans sa cruauté infatigable me portait encore le jour[146].

Il est significatif ici encore que le bleu resurgisse dans la fresque de Giotto, métamorphosé en ce bleu bienfaisant « d'une journée radieuse ». Et à travers ce paradigme céleste d'anges, d'oiseaux et d'ailes, s'inscrit en palimpseste une Albertine dépouillée de toute perversité et de toute ambiguïté, l'Albertine transfigurée d'un deuil apaisé, accepté. On songera alors au magnifique retournement que Proust fait ici de l'obsédante phrase de jouissance, reprise par quatre fois, ce « tu me mets aux anges[147] », d'Albertine à la petite lingère. Le Narrateur a définitivement dépassé l'idolâtrie ; avec la fresque de Giotto, le lecteur devient spectateur et témoin non seulement d'un exorcisme, mais d'une véritable *transsubstantiation*.

Il n'est pas sans intérêt, à cet égard, d'examiner les avant-textes de ce passage qui a fait l'objet d'un montage compliqué. Dans la première dactylographie, effectuée d'après le Cahier 10[148], la visite à la chapelle de l'Arena, avec la description des anges de Giotto, fait partie de « Combray » – qui formera, comme on sait, le début du roman –, et elle est insérée entre la description de la servante de la tante Léonie (qui ressemble à la figure allégorique de la Charité) et une réflexion plus générale sur la signification des Vices et des Vertus, dont Giotto a orné les murs de l'Arena. Cependant, Proust supprime d'abord en 1911 le passage en

---

145 *Recherche*, t. III, p. 906.
146 *Recherche*, t. IV, p. 63.
147 *Recherche*, t. IV, p. 109. Voir aussi *ibid.*, p. 106, et p. 107.
148 N.A.Fr. 16733 (p. 117-122).

question sur la dactylographie mais, finalement, quelques années plus tard, en 1916, il le découpe pour le remonter dans le manuscrit de *La Fugitive*[149].

Bien sûr, ce n'est pas un hasard : « Combray » est lié au Temps perdu, c'est le lieu des déceptions et des révélations cruelles, où se fait, entre vices et vertus, l'apprentissage du Narrateur. Avec cette *Mise au tombeau*, Proust en marquerait ainsi la fin : soumettant radicalement le tableau de Giotto aux lois de son roman, le romancier n'a retenu que la partie supérieure – des anges exubérants[150] dans un ciel radieux –, excluant de sa description la scène de pleurs et de désolation, plaçant ainsi, sans aucune considération d'ordre religieux ou iconographique, le dernier tableau du « roman d'Albertine » sous le signe de la vie éternelle, de la Joie. Le Narrateur a accompli « le travail du deuil » !

Albertine n'est pas seulement l'incarnation d'un érotisme ambigu et indéchiffrable. Avant de parvenir au *Temps retrouvé*, Proust construit avec une infinité d'éléments contrastés, et qui pourtant renvoient les uns aux autres, le personnage d'Albertine. Celle-ci est à la fois figure du Temps (du temps perdu et du deuil) et figure de l'Art dans la mesure même où elle permet de dépasser le temps perdu et le temps du deuil. Après la confusion idolâtre à laquelle renvoient les tableaux précédents, Proust retourne en effet, avec les anges de Giotto, à sa poétique propre, aux natures mortes de Chardin et aux marines d'Elstir, c'est-à-dire à un art qui n'est plus empoissé

149 Nous nous référons ici à Bernard Brun qui analyse avec précision le montage très complexe de ce passage : « *Le Temps retrouvé* dans les avant-textes de "Combray" », *BIP* 12 (1981), p. 18-20 en particulier.

150 Karheinz Stierle dans son article « Marcel à la Chapelle de l'Arena », *op. cit.*, p. 181-204, souligne que Proust, dans sa description de la fresque de Giotto, n'a pas respecté l'expression de tristesse des anges peints à l'Arena (qui, en effet, sur cette fresque, pleurent la mort du Christ) et parle de « cette rencontre manquée avec Giotto » (p. 186). On peut alléguer que Proust ne disposait pas de reproductions aussi précises qu'aujourd'hui, et qu'il n'est guère possible *de visu* de repérer une « émotion » sur la fresque. Mais l'enjeu proustien est ailleurs : il ne s'agit pas, pour l'auteur de la *Recherche*, de parler de peinture en critique ou en connaisseur d'art. Pour l'auteur de la *Recherche*, tel était le but de ma démonstration, le tableau n'a de valeur qu'en ce qu'il nourrit l'imaginaire et permet libres associations et correspondances. L'attitude irrespectueuse de Proust envers la peinture est « voulue », elle témoigne encore de la modernité de l'auteur de la *Recherche*, détournant et s'appropriant un tableau quand son récit s'y prête.

dans l'idolâtrie, lié aux signes cruels de l'amour[151], mais qui pour le Narrateur comme, ensuite, pour le lecteur de la *Recherche*, opère une transfiguration de la vie.

151 C'est donc ici seulement que les signes de l'art se séparent enfin des signes de l'amour, contrairement à ce qu'indique Deleuze dans son beau système, qui dissocie dès le départ les deux types de signes, trop radicalement, nous semble-t-il (*Proust et les signes*, Paris, PUF, 1964).

FIG. 2 – Giotto di Bondone (1266-1336), *L'idolâtrie* (*Infidelitas*), 1304-1306, fresque. Chapelle des Scrovegni (également dénommée église de la Madone de l'Arena), Padoue. ©gettyimages / Mondadori Portfolio.

FIG. 3 – Titien (Tiziano Vecellio, dit), *Saint Jean l'évangéliste*, 1542-1544, huile sur bois, tondo, diamètre 0,71. Santa Maria della Salute, Sagrestria grande, Venise. ©akg-images / Cameraphoto.

FIG. 4 – Vittore Carpaccio (1460-1625), *Le patriarche du Grado exorcisant un possédé* (aussi dénommée *Le miracle de la relique de la croix*), 1494 ; 3,7 x 3,9 m. Gallerie dell´Accademia, Venise. ©gettyimages / Mondadori Portfolio.

FIG. 5 – Giotto di Bondone (1266-1336), *La mise au tombeau* (aussi dénommée *La déploration du Christ*) 1304-1306, fresque. Chapelle des Scrovegni (également dénommée Église de la Madone de l'Arena), Padoue. ©gettyimages / Dea / A Dagli Orti.

CONCLUSION

Détourner – rapprocher

Notre point de départ a été biographique : l'apprentissage de Proust devient roman d'apprentissage, qui sera aussi le roman de notre apprentissage. Pour Proust, le moi se compose de deux moitiés absolument différentes. Le Narrateur devra apprendre que cette moitié qui est tournée vers l'extérieur ne peut que décevoir. Il faut considérer avec méfiance cette moitié mondaine qui exerce une activité sociale, sort, converse, aime, et il faut effectuer un tournant complet vers l'autre moitié, celle qui est capable d'éprouver les sensations les plus profondes et de nous procurer ce bonheur que nous poursuivons. Il est impossible cependant de se mettre à la recherche de ce moi. Toute recherche consciente est vouée à l'échec, mon véritable moi ne se laisse pas conquérir, il ne se manifeste que dans l'oubli de moi-même, et il se donne grâce au contact sensoriel réitéré avec les choses qui m'entourent. C'est-à-dire dans certains moments privilégiés de l'existence, devant un paysage, devant un tableau, en écoutant une phrase musicale ; ce sont aussi les moments du rêve et bien entendu ceux de la mémoire involontaire, expériences qui précèdent la création artistique et lui donnent sens.

Par un vertigineux mouvement dialectique, grâce à l'Art, grâce à la peinture et à la musique en particulier, se trouve ainsi récupéré tout ce que le Narrateur méfiant semblait d'abord rejeter : le monde des autres ! Car l'Art, l'art d'un Elstir, comme celui d'un Vinteuil n'extériorise-t-il pas « dans les couleurs du spectre la composition intime de ces mondes que nous appelons les individus, et que sans l'art nous ne connaîtrions jamais[1] ? ».

Le tableau demande à être regardé, le roman demande à être lu. On dit souvent, depuis Lessing, que le regard implique l'espace, et la lecture, le temps. Immobilité versus mouvement. En réalité, les deux

1 *Recherche*, t. III, p. 762.

activités demandent du temps : la peinture, en particulier les tableaux mimétiques d'autrefois, ceux qui racontent une « histoire », n'est jamais perçue dans son immédiateté, il faut du temps pour la parcourir. Du temps et de la patience : ni le tableau, ni le roman ne se livrent sans résistance, ne se déchiffrent rapidement.

En revanche, grâce à leur contexte très précis, le sens des récits brefs se dévoile tout de suite. L'origine (vocale et sociale) de tels récits est facile à retracer. Les anecdotes se racontent toujours dans une situation claire – entre amis, à table le soir pendant un dîner –, et elles servent toujours à souligner, à montrer que celui qui parle avait raison dans telle ou telle circonstance, et aussi qu'il sait parler. Ces récits ont un double message rhétorique, à la fois épidictique et délibératif : celui qui parle se vante sans en avoir l'air et le récit qu'il cite est un exemple narratif à son avantage.

En littérature, certains genres restent encore assez proches de cette situation. Les nouvelles de Marguerite de Navarre, celles de Maupassant se présentent souvent comme des récits parlés, comme si elles avaient été écrites à haute voix. Et la voix qui fait « fantasmer et jouir », comme le dit le rhétoricien Herman Parret, reste encore audible dans ces romans brefs, écrits à la première personne, dont on trouve de nombreux exemples dans la littérature contemporaine et qui semblent être des confessions.

Par contre, les longs romans – qu'ils soient écrits à la première personne ou non –, sont des constructions extrêmement complexes dont la voix et le message semblent d'abord échapper au lecteur. On a l'impression qu'ils rassemblent plusieurs voix (et plusieurs messages) contradictoires : le genre est insaisissable. Ce sont d'abord les romantiques allemands qui ont permis à Mikhaïl Baktine, considéré par certains comme le plus important théoricien de la littérature du XXe siècle d'élaborer sa doctrine du plurilinguisme : les grands romans, dit-il, sont ceux qui rapprochent plusieurs registres de parole, ironiques ou exaltés, et une vertigineuse diversité de discours, depuis les conversations et les anecdotes les plus banales jusqu'aux rêveries poétiques et aux réflexions philosophiques. Le plurilinguisme bakhtinien rapproche Proust de Cervantes, l'écrivain qui clôt notre modernité de celui qui l'inaugure.

Ce qui est particulier cependant à l'univers proustien, c'est l'importance extraordinaire accordée aux arts, c'est la musique, et plus encore, singulièrement, la peinture. Certains personnages d'*À la recherche du temps perdu*, Swann, Elstir, Vinteuil ou même Bergotte, ne pourraient jouer un rôle important dans le récit sans les arts qu'ils mettent en scène.

Chez Proust, le plurilinguisme n'est qu'en apparence un facteur de diversité et d'oppositions : la peinture devient dans la *Recherche* un merveilleux moyen de connaissance qui transforme la réalité. La peinture métaphorise, elle opère un rapprochement inattendu de plusieurs mondes, ainsi détournés de leur référence et de leur réalité originelle. La peinture, vue et écrite par Proust, détourne, rapproche, et finalement elle s'efface à son tour. L'artistique bascule dans l'ontologique. Proust ne tient pas compte du message ou du sens porté par les œuvres de Giotto ou de Carpaccio. Il s'en empare pour faire sombrer le Narrateur dans le deuil ou les affres de la jalousie, ou encore pour susciter des fantasmes érotiques. Les tableaux de Giotto, de Carpaccio, mais aussi de Botticelli et de tant d'autres disparaissent. La description détaillée d'un tableau (l'*ekphrasis*), un Monet par exemple, disparaît progressivement de l'œuvre proustienne pour faire place à une individuation, qui n'en retient, parfois, que des traces. Le visuel est ici magnifiquement détourné de ses origines. C'est le roman qui donne à voir.

Enfin, Proust en montrant que la peinture suscite des émotions violentes capables de transfigurer le réel, suggère qu'on ne peut en parler. Le faire devient une activité négative : c'est tomber dans l'idolâtrie, celle de Swann, ou dans le snobisme propre aux Verdurin et à tant d'autres acteurs de la *Recherche*. Devant un tableau, la seule attitude possible serait alors celle de Bergotte devant le « petit pan de mur jaune » de Vermeer, qui devient une leçon d'esthétisme et fait d'abord voir soi-même – à moins de réussir, tel Proust, à en métamorphoser l'essence en se le réappropriant.

La peinture, et finalement la réalité, sont considérées par Proust à la mesure non pas de leur matérialité mais de correspondances imaginaires, d'échos affectifs et sensibles. La peinture transforme la réalité, le roman transforme la peinture et le lecteur entend la voix du Narrateur. Une voix qui raconte des anecdotes et rapporte des conversations, une voix qui se confesse et qui se perd dans les méandres du passé et du rêve, une voix toujours présente. Et le lecteur apprend et s'apprend ; il devient le lecteur de lui-même, il déchiffre ces « hiéroglyphes », ce livre intérieur édité à son insu. Car Proust n'écrit pas pour lui, il est chacun de ses lecteurs et nous sommes tous Proust.

BIBLIOGRAPHIE SÉLECTIVE

ŒUVRES ET CORRESPONDANCES DE MARCEL PROUST

PROUST, Marcel, RUSKIN, John, *La Bible d'Amiens*, Paris, Mercure de France, 1904.

PROUST, Marcel, RUSKIN, John, *Sésame et les lys*, Paris, Mercure de France, 1906.

PROUST, Marcel, RUSKIN John, *La Bible d'Amiens, Sésame et les lys et autres textes*, éd. Jérôme Bastianelli, Paris, Robert Laffont, « Bouquins », 2015.

PROUST, Marcel, *Contre Sainte-Beuve*, précédé de *Pastiches et mélanges* et suivi de *Essais et articles*, éd. Pierre Clarac / Yves Sandre, Paris, Gallimard, « Bibliothèque de la Pléiade », 1971.

PROUST, Marcel, *Jean Santeuil*, précédé de *Les Plaisirs et les jours*, éd. Pierre Clarac / Yves Sandre, Paris, Gallimard, « Bibliothèque de la Pléiade », 1971.

PROUST, Marcel, *À la recherche du temps perdu*, éd. Jean-Yves Tadié, Paris, Gallimard, « Bibliothèque de la Pléiade », 1987-1989 (4. vol.).

PROUST, Marcel, *Albertine disparue*, éd. Nathalie Mauriac Dyer et Étienne Wolf, Paris, Grasset, 1987.

PROUST, Marcel, *Œuvres complètes*, t. V, *La Prisonnière* (*À la recherche du temps perdu*, t. V), éd. Luc Fraisse, Paris, Classiques Garnier, « Bibliothèque de littérature du XXe siècle », 2013, rééd. « Classiques jaunes », 2014.

PROUST, Marcel, *Œuvres complètes*, t. VI, *La Fugitive* (*À la recherche du temps perdu*, t. VI), éd. Luc Fraisse, Paris, Classiques Garnier, « Bibliothèque de littérature du XXe siècle », 2017.

PROUST, Marcel *À la recherche du temps perdu*, éd. Jean Milly, Paris, GF Flammarion, 1984-1987 (10 vol.).

PROUST, Marcel, *Albertine disparue*, éd. Jean Milly, Paris, Honoré Champion, 1992, repris par GF Flammarion, 2003.

PROUST, Marcel, *Matinée chez la princesse de Guermantes, Cahiers du* « Temps retrouvé », éd. Henri Bonnet et Bernard Brun, Paris, Gallimard, 1982.

PROUST, Marcel, *Écrits sur l'art*, publié et présenté par Jérôme Picon, Paris, GF Flammarion, 1999.

PROUST, Marcel, *Carnets*, éd. Florence Callu et Antoine Compagnon, Paris, Gallimard, 2002.

PROUST, Marcel, « *Le Mensuel* » *retrouvé*, éd. Jérôme Prieur, Paris, Éditions des Busclats, 2012.

PROUST, Marcel, *Correspondance de Marcel Proust*, éd. Philippe Kolb, Plon 1970-1993 (21 vol.).

PROUST, Marcel, *Marcel Proust-Jacques Rivière : Correspondance*, Paris, Gallimard, 1989.

PROUST, Marcel, *Lettres (1879-1922)*, éd. Françoise Leriche, Paris, Plon, 2004.

ÉTUDES

ALBARET, Céleste, *Monsieur Proust. Souvenirs recueillis par Georges Belmont*, Paris, Robert Laffont, « Documento », 2014.

ALBERSHEIMER, Franz-Joseph, *Theater, Film und Literatur in Frankreich*, Darmstadt, Wissenschaftliche Buchgesellschaft, 1992.

AUTRET, Jean, *L'Influence de Ruskin sur la vie, les idées et les œuvres de Marcel Proust*, Genève, Droz, 1955.

BAL, Mieke, « Lire l'un avec l'autre : Chardin et Proust », dans *Rhétorique et image : textes en hommage à Áron Kibédi Varga*, éd. Leo H. Hoek et Kees Meerhoff, Amsterdam-Atlanta, Rodopi/Brill, 1995.

BAL, Mieke, *Images littéraires ou comment lire visuellement Proust*, Montréal, XYZ éditeur, 1997.

BASTIANELLI, Jérôme, *Dictionnaire Proust-Ruskin*, Paris, Classiques Garnier, « Bibliothèque proustienne », 2017.

BELTING, Hans, *Das Unsichtbare Meisterwerk. Die modernen Mythen der Kunst*, Munich, C. H. Beck, 1998.

BENJAMIN, Walter, *Über Literatur*, « Zum Bilde Prousts », Francfort, Suhrkamp, 1970.

BERETTA ANGUISSOLA, Alberto, « Pèlerinages proustiens à Venise », *Bulletin Marcel Proust* 44 (1994).

BERETTA ANGUISSOLA, Alberto, « Proust et les peintres italiens », dans *Catalogue de l'exposition Marcel Proust et les arts*, éd. Jean-Yves Tadié, Paris, Gallimard, Bibliothèque nationale de France, Réunion des musées nationaux, 1999.

BERETTA ANGUISSOLA, Alberto, « Les Archétypes de la *Recherche*. Proust ésotérique », dans *Marcel Proust 2, nouvelles directions de la recherche proustienne*, ouvrage collectif, publié par Bernard Brun, Paris-Caen, Lettres Modernes Minard, 2000.

BERGERNBERGER, Otto, « Die „Bilder“des Philostratos », dans *Beschreibungskunst – Kunstbeschreibung*, éd. Gottfried Böhm et Helmut Pfotenhauer, Munich, Fink, 1995.

BERTHO, Sophie, « Asservir l'image. Fonctions du tableau dans le récit », dans *L'interprétation détournée*, éd. Leo H. Hoek, Amsterdam-Atlanta, Rodopi/Brill, 1990.

BERTHO, Sophie, « Ruskin contre Sainte-Beuve : le tableau dans l'esthétique proustienne », *Littérature* 103 (1996).

BERTHO, Sophie, « La Vie à l'œuvre (Jean-Yves Tadié, *Marcel Proust, biographie*) », *Critique* 598 (1997).

BERTHO, Sophie, « Les Anciens et les modernes, la question de l'*ekphrasis* chez Goethe et chez Proust », *Revue de Littérature comparée* 1 (1998).

BERTHO, Sophie, « Introduction à *Proust et ses peintres* », dans *Proust et ses peintres*, éd. Sophie Bertho, Amsterdam-Atlanta, Rodopi/Brill, 2000.

BERTHO, Sophie, « Le Roman pictural d'Albertine », *Littérature* 123 (2001).

BERTHO, Sophie, « Proust und die Steine von Venedig », dans *Marcel Proust – Orte und Raüme*, éd. Angelika Corbineau-Hoffmann, Francfort, Suhrkamp/Insel, 2003.

BERTHO, Sophie, « Temps, roman, tableau », dans *Zeit und Text, kulturanthropologische literaturhistorische und linguistische Beiträge*, éd. Andreas Kablitz, Wulf Oesterreicher, Rainer Warning, Munich, Fink, 2003.

BERTHO, Sophie, « Albertines Roman, Gemälde und Geheimnisse bei Proust », dans *Erotische Recherchen, Decodierung von Intimität bei Marcel Proust*, éd. Friedrich Balke et Volker Roloff, Munich, Fink, 2003.

BERTHO, Sophie, « Variationen und Varianten. Ein Monet bei Proust », dans *Varianten –Variants – Variantes*, éd. Christa Jansohn et Bodo Plachta, Tübingen, Max Niemeyer, 2005.

BERTHO, Sophie, « Proust et Monet, la débâcle de l'*ekphrasis* », dans *Proust und die Medien*, éd. Uta Felten et Volker Roloff, Munich, Fink, 2005.

BERTHO, Sophie, « Proust Mythologies », dans *Esta locura por los sueños. Traumdiscurs und Intermedialität in der romanischen Literatur- und Mediengeschichte*, éd. Uta Felten, Michael Lommel, Isabel Maurer Queipo, Heidelberg, Winter Verlag, 2005.

BERTHO, Sophie, « Proust, peinture, modernité », dans *Proust dans la constellation des modernes*, éd. Sophie Bertho et Thomas Klinkert, Berlin, Erich Schmidt Verlag, 2013.

BERTRAND, Antoine, *Les Curiosités esthétiques de Robert de Montesquiou*, Genève, Droz, 1996, (2 vol.).

Beschreibungskunst–Kunst – Kunstbeschreibung. Ekphrasis von der Antike bis zum Gegenwart, éd. Gottfried Boehm et Helmut Pfotenhauer, Munich, Fink, 1995.

BIZUB, Edward, *La Venise intérieure, Proust et la poétique de la traduction*, Neuchâtel, La Baconnière, 1991.

BORREL, Anne, « *Biographie, Une vie d'artiste, Marcel Proust 1871-1922* », dans *Proust et les peintres*, éd. Anne Borrel et Maïthé Valles-Bled, Catalogue de l'exposition éponyme, Chartres, Musée des Beaux-Arts de Chartres, 1991.

BOUILLAGUET, Annick, « Entre Proust et Carpaccio. L'intertexte des livres d'art », dans *Proust et ses peintres*, éd. Sophie Bertho, Amsterdam-Atlanta, Rodopi/Brill, 2000.

BOYER, Philippe, *Le Petit pan de mur jaune*, Paris, Seuil, 1987.

BOYER, Philippe, « Vues en peinture d'Odette », dans *Proust et ses peintres*, éd. Sophie Bertho, Amsterdam-Atlanta, Rodopi/Brill, 2000.

BRASSAÏ, *Marcel Proust sous l'emprise de la photographie*, Paris, Gallimard, 1997.

BRIX, Michel, « Proust et Ruskin : de *La Bible d'Amiens* à la *Recherche* », *Marcel Proust aujourd'hui* 3, Leyde, Rodopi/Brill (2005).

BRUN, Bernard, « Le Temps retrouvé dans les avant-textes de "Combray" », *Bulletin d'informations proustiennes* 12 (1981).

Cher ami… Votre Marcel Proust. Marcel Proust im Spiegel seiner Korrespondenz, Lettres et autographes de la Bibliotheca Proustiana Reiner Speck, catalogue bilingue allemand-francais, éd. Jürgen Ritte et Reiner Speck, Cologne, Snoek, 2009.

CHEVRIER, Jean-François, *Proust et la photographie, la résurrection de Venise*, Paris, L'Arachnéen, 1982 ; rééd. 2009.

CLERMONT-TONNERRE, Élisabeth de, *Robert de Montesquiou et Marcel Proust*, Paris, Flammarion, 1925.

COMPAGNON, Antoine, *Proust entre deux siècles*, Paris, Le Seuil, 1989.

COMPAGNON, Antoine, « La "Danse contre seins" », dans *Marcel Proust, Écrire sans fin*, éd. Jean Milly et Rainer Warning, Paris, CNRS éditions, 1996.

COMPAGNON, Antoine, « Proust au musée », dans *Marcel Proust, l'écriture et les arts*, éd. Jean-Yves Tadié, Gallimard, Bibliothèque nationale de France, Réunion des musées nationaux, 1999.

COMPAGNON, Antoine, « Proust contre Ruskin », dans *Relire Ruskin*, éd. Fabrice Douar et Matthias Waschek, Paris, Musée du Louvre Éditions, 2004.

COSSÉ-BRISSAC, Anne de, *La Comtesse Greffuhle*, Paris, Perrin, 1991.

COUDERT, Raymonde, *Proust au féminin*, Paris, Grasset / *Le Monde*, 1998.

DELEUZE, Gilles, *Marcel Proust et les signes*, Paris, Presses universitaires de France, 1964.

DESCHODT, Anne-Marie et DAVANZO POLI, Doretta, *Mariano Fortuny*, Paris, Éditions du Regard, 2000.

DESCOMBES, Vincent, *Proust, Philosophie du roman*, Paris, Éditions de Minuit, 1987.

DIESBACH de, Ghislain, *Proust*, Paris, Perrin, 1990.

Dictionnaire Marcel Proust, éd. Annick Bouillaguet et Brian G. Rogers, Paris, Honoré Champion, 2004.

DOWNEY, Glanville, « *Ekphrasis* », dans *Reallexikon für Antike und Christentum*, vol. 4, Stuttgart, Anton Hiersemann, 1959, p. 921-944.

DREYFUS, Robert, *Souvenirs sur Marcel Proust*, Paris, Grasset, 1926 ; rééd. 2013.

DUBOIS, Jacques, *Pour Albertine. Proust et le sens du social*, Paris, Seuil, 1997.

Écrire en artistes, des Goncourt à Proust, éd. Pierre-Jean Dufief et Gabrielle Melison-Hirschwald, Paris, Honoré Champion, 2016.

EELS, Emily, « Ruskin, Proust et l'homotextualité », *Études anglaises* 1 (1999).

EELS, Emily, « Elstir à l'anglaise », dans *Proust et ses peintres*, éd. Sophie Bertho, Amsterdam-Atlanta, Rodopi/Brill, 2000.

ELLISON, David, *Proust et la tradition littéraire européenne*, Paris, Classiques Garnier, « Bibliothèque proustienne », 2013.

Erotische Recherchen, Decodierung von Intimität bei Marcel Proust, éd. Friedrich Balke et Volker Roloff, Munich, Fink, 2003.

Esta locura por los sueños. Traumdiskurs und Intermedialität in der romanischen Literatur- und Mediengeschichte, éd. Uta Felten et Michael Lommel, Heidelberg, Winter Verlag, 2005.

FALAH-DIGEON, Christine, « Les Bagues oubliées, au sujet d'un épisode d'Albertine disparue », *Bulletin d'informations proustiennes* 27 (1996).

FRAISSE, Luc, *L'Esthétique de Marcel Proust*, Paris, SEDES, 1995.

FRAISSE, Luc, « Odilon Redon et les métaphores d'Elstir », dans *Proust et ses peintres*, éd. Sophie Bertho, Amsterdam-Atlanta, Rodopi/Brill, 2000.

FRAISSE, Luc, *Proust au miroir de sa correspondance*, Paris, CDU SEDES, 2000.

FRAISSE, Luc, *La Petite Musique du style, Proust et ses sources littéraires*, Classiques Garnier, « Bibliothèque proustienne », 2011.

FRAISSE, Luc, « Les Vices et les Vertus de Padoue : Proust et le problème de l'allégorie », *Revue d'histoire littéraire de la France* 2 (2012).

FRAISSE, Luc, « *Du côté de chez Swann* daté par sa prose d'art ? Le morceau sur les clochers de Martinville », dans *Écrire en artistes, des Goncourt à Proust*, éd. Pierre-Jean Dufief et Gabrielle Melison-Hirchwald, Paris, Honoré Champion, 2016.

FRAISSE, Luc, « Proust romancier et critique d'art », dans *Marcel Proust : écriture, réécritures / Marcel Proust : escritura, rescrituras*, éd. Lourdes Carriedo et Luisa Guerrero, Berne, Peter Lang, 2018.

GAMBLE, Cynthia J., « Zipporah : a Ruskinian Enigma Appropriated by Marcel Proust », *Word and Image* 4 (1999).

GAMBLE, Cynthia J., *Proust as interpreter of Ruskin : The Seven lamps of Translation*, Summa Publications, 2002 ; Neuchâtel, Ides et Calendes, 1968.

GANDELMAN, Claude, « The Drawings of Marcel Proust », *Adam International Review* 394 (1976).

GENETTE, Gérard, « Métonymie chez Proust », *Figures III*, Paris, Le Seuil, 1972, p. 41-63.

GREENE, Virginie et SZYLOWICZ, Caroline, « Le Miroir des images : étude de quelques dessins médiévaux de Proust », *Bulletin d'informations proustiennes* 28 (1997).

GROSSIORD, Sophie, *Fortuny. Un espagnol à Venise*, Catalogue éponyme de l'exposition, Paris-Musées, 2017.

HARRISON, Frederic, *John Ruskin, 1819-1900* (2e édition), traduit en français par Louis Baraduc, Paris, Mercure de France, 1909.

HASSINE, Juliette, « La Charité de Giotto ou l'allégorie de l'écriture dans l'œuvre de Marcel Proust », *Bulletin d'informations proustiennes* 26 (1995).

HEFFERNAN, James, *The Museum of Words. The Poetic of Ekphrasis from Homer to Ashbury*, Chicago, The University Press of Chicago, 1993.

HENRY, Anne, *Marcel Proust, théories pour une esthétique*, Paris, Klincksieck, 1981.

HENRY, Anne, « Quand une peinture métaphysique sert de propédeutique à l'écriture : les métaphores d'Elstir dans *À la Recherche du temps perdu* », dans *La Critique artistique, un genre littéraire*, éd. Jean Gaulmier, Paris, PUF, 1983.

HILLERIN, Laure, *La Comtesse Greffuhle, à l'ombre des Guermantes*, Paris, Flammarion, 2014.

HOEK, Leo H., « Les "Minutes profondes" de Marcel Proust », dans *Proust contemporain*, éd. Sophie Bertho, Amsterdam-Atlanta, Rodopi/Brill, 1994.

HOEK, Leo H, *Titres, toiles et critique d'art : déterminants constitutionnels du discours sur l'art du XIXe siècle en France*, Amsterdam-Atlanta, Rodopi/Brill, 2001.

HOUPPERMANS, Sjef, *Marcel Proust constructiviste*, Amsterdam-New-York, Rodopi/Brill, « Faux Titre », 2007.

JOHNSON Jr., J. Theodore, *The Painter and his Art in the Work of Marcel Proust*, University of Visconsin Press, 1964.

JOHNSON Jr., J. Theodore, « Proust's Early Portraits de peintres », *Comparative Literature Studies* 4 (1967).

JOHNSON Jr., J. Theodore, « Proust and Giotto : Foundations of an Allegorical Interpretation of *À la Recherche du temps perdu* », dans *Marcel Proust : a Critical Panorama*, éd. Larkin B. Price, Urbana, University of Illinois Press, 1973.

JOHNSON Jr., J. Theodore, « *Débâcle sur Seine* de Claude Monet : source du *Dégel à Briseville* d'Elstir », *Études proustiennes* 1, Paris, Gallimard, 1973.

JOHNSON Jr., J. Theodore, « La Place de Vittore Carpaccio dans l'œuvre de Marcel Proust », dans *Mélanges à la mémoire de Franco Simone*, t. III, Genève, Slatkine, 1984.

JOHNSON Jr., J. Theodore, « Tableaux de genre du souvenir, la peinture hollandaise et flamande dans l'œuvre de Proust », dans *Proust et ses peintres*, éd. Sophie Bertho, Amsterdam-Atlanta, Rodopi/Brill, 2000.

KARPELES, Éric, *Le Musée imaginaire de Marcel Proust*, Thames & Hudson, 2009.

KATO, Yasué, *Étude génétique des épisodes d'Elstir dans « À la Recherche du temps perdu »*, Surugadai-Shuppansha, 1998.

KELLER, Luzius, « Marcel Proust, une critique d'art en action », dans *Prenez garde à la peinture ! Kunstkritik in Frankreich 1900-1945*, éd. Uwe Fleckner et Thomas W. Gaehtgens, Berlin, Akademie Verlag, 1999.

KELLER, Luzius, « Ekphrasis, Prosopopöie und Pastiche. Zur Rhetorik der Bildbeschreibung bei Marcel Proust », dans *Werk und Diskurs, Festschrift Karlheinz Stierle zum 60. Geburtstag*, éd. Dieter Ingenschay et Helmut Pfeiffer, Munich, Wilhelm Fink, 1999.

KELLER, Luzius, *Lire, traduire, éditer Proust*, Paris, Classiques Garnier, « Bibliothèque proustienne », 2016.

KIBÉDI VARGA, Áron, « Un discours indirect : le discours poétique sur la peinture », dans *La Littérature et ses doubles*, éd. Leo H. Hoek, Amsterdam-Atlanta, Rodopi/Brill, 1985.

KIBÉDI VARGA, Áron, *Récit, discours, image*, Liège-Bruxelles, Pierre Mardaga, 1989.

KIBÉDI VARGA, Áron, « Le Moi et les choses. À la *Recherche du temps perdu*, un roman allemand ? », dans *Proust contemporain*, éd. Sophie Bertho, Amsterdam-Atlanta, Rodopi/Brill, 1994.

KIBÉDI VARGA, Áron, « De Zeuxis à Warhol : les figures du réalisme », *Protée* 24 (1996).

KITTREDGE, Annette, « Des théodolithes et des arbres : l'arrêt du train, les arbres d'Hudimesnil », *Bulletin d'Informations Proustiennes* 24 (1993).

KITTREDGE, Annette, « Des théodolithes et des arbres II », *Bulletin d'Informations Proustiennes* 26 (1995).

KLINKERT, Thomas, *Lektüren des Todes bei Marcel Proust* (*Sur la lecture IV*), Cologne, Marcel Proust Gesellschaft, 1998.

KOLB, Philip, « Proust et Ruskin : nouvelles perspectives », dans *Cahiers de l'Association internationale des études proustiennes* 12 (1960).

KRANZ, Gilbert, *Das Bildgedicht : Theorie, Lexicon, Bibliographie*, 3 vol., Cologne, Bohlau, 1981-1987.

KRIEGER, Murray, *Ekphrasis : The Illusion of the Natural Sign*, Baltimore-London, The Johns Hopkins University Press, 1992.

KRISTEVA, Julia, *Le Temps sensible, Proust et l'expérience littéraire*, Paris, Gallimard, 1994.

KRISTEVA, Julia et SALLENAVE, Danièle, « L'Expérience littéraire », *L'Infini* 53 (1996).

LAEMMEL, Sybilla, « Marcel Proust als Zeichner », dans *Marcel Proust : Zwischen Belle Époque und Moderne*, éd. Reiner Speck et Michael Maar, Francfort, Suhrkamp, 1999.

La Littérature et ses doubles, éd. Leo H. Hoek, Amsterdam-Atlanta, Rodopi/Brill, 1985.

Le Musée retrouvé de Marcel Proust, éd. Yann Le Pichon et Anne Borrel, Paris, Stock, 1990.

LINK-HEER, Ursula, « *Sic transit gloria mundi.* Marcel Proust und Robert de Montesquiou / Marcel Proust et Robert de Montesquiou », dans *Cher Ami… Votre Marcel Proust, Marcel Proust et sa correspondance, Lettres et autographes de la Bibliotheca Proustiana Reiner Speck*, catalogue bilingue allemand-francais, éd. Jürgen Ritte et Reiner Speck, Cologne, Snoek, 2009.

L'Interprétation détournée, éd. Leo H. Hoek, Amsterdam-Atlanta, Rodopi/Brill, 1990.

LUSHENKOVA FOSCOLO, Anna, « Figures singulières de la fin de siècle français et de l'âge d'argent russe », dans *Écrire en artistes, des Goncourt à Proust*, éd. Jean-Pierre Dufief et Gabrielle Melison-Hirchwald, Paris, Honoré Champion, 2016.

Marcel Proust et les arts décoratifs – Poétique, matérialité, histoire, éd. Boris Roman-Gibhardt et Julie Ramos, Paris, Classiques Garnier, « Bibliothèque proustienne », 2013.

Marcel Proust. Écrire sans fin, éd. Rainer Warning et Jean Milly, Paris, CNRS éditions, 1996.

Marcel Proust – l'écriture et les arts, éd. Jean-Yves Tadié, Paris, Gallimard / Bibliothèque nationale de France / Réunion des musées nationaux, 1999.

Marcel Proust. Orte und Räume, éd. Angelika Corbineau-Hoffmann, Francfort, Suhrkamp/Insel, 2003.

Marcel Proust. Schreiben ohne Ende, éd. Rainer Warning, Francfort, Insel, 2003.

Marcel Proust. Surprises de la Recherche, éd. Raymonde Coudert et Guillaume Perrier, *Textuel* 45, université Paris 7, 2004.

Marcel Proust und der erste Weltkrieg, éd. Wolfram Nitsch et Jürgen Ritte, Berlin, Insel, 2017.

Marcel Proust und die Belle Époque, éd. Thomas Hunkeler et Luzius Keller, Francfort, Insel, 2002.

Marcel Proust und die Korrespondenz, éd. Karin Westerwelle, Berlin, Insel, 2010.

Marcel Proust und die Künste, éd. Wolfram Nitsch et Rainer Zaiser, Francfort, Insel, 2004.

Marcel Proust und die Philosophie, éd. Volker Roloff, Francfort, Insel, 1997.

Marcel Proust. Werk und Wirkung, éd. Reiner Speck, Francfort, Insel, 1982.

Marcel Proust. Zwischen Belle Époque und Moderne, éd. Reiner Speck et Michael Maar, Francfort, Suhrkamp, 1999.

MACCHIA, Giovanni, *L'Ange de la nuit. Sur Proust*, Paris, Gallimard, 1993.

MACÉ, Gérard, *Le Manteau de Fortuny*, Paris, Gallimard, 1987.

MACKSEY, Richard, « Proust on the Margins of Ruskin », dans *The Ruskin Polygon, Essays on the imagination of John Ruskin*, éd. John Dixon Hunt et Faith M. Holland, Manchester, Manchester University Press, 1982.

MACKSEY, Richard, *On reading Ruskin*, Yale University Press, 1987.

MAGILL, Michèle M., *Répertoire des références aux arts et à la littérature dans « À la Recherche du Temps perdu »*, Birmingham, Summa Publications, 1991.

MAN, Paul de, « Proust et l'allégorie de la lecture », dans *Mouvements premiers. Études critiques offertes à Georges Poulet*, Paris, José Corti, 1972.

MAURIAC DYER, Nathalie, *Proust inachevé. Le dossier « Albertine disparue »*, Paris, Champion, « Recherches proustiennes », 2005.

MAURIAC DYER, Nathalie, « Déchiffrer. Transcrire. Cartographier. Lier. Proust ou le manuscrit apprivoisé », *Genesis* 27 (2006).

MAURIAC DYER, Nathalie, « Primitives and primitive arts in the *Recherche* », dans *Proust and the arts*, éd. Christie Mc Donald et François Proulx, Cambridge University Press, 2015.

MICHEL, Christoph, « Goethe und Philostrats „Bilder"– Wirkungen einer antiken Gemäldegalerie », *Jahrbuch des freien deutschen Hochstifts*, 1973.

MILLY, Jean, *Les Pastiches de Proust*, Paris, Armand Colin, 1970.

MILLY, Jean, *Proust et le style*, Paris, Minard, 1970, Genève, Slatkine Reprints, 1990.

MILLY, Jean, « Le Pastiche Goncourt dans *Le Temps retrouvé* », *Revue d'histoire littéraire de la France* 5-6 (1971).

MILLY, Jean, « Proust traducteur de Ruskin », dans *Acclimater l'autre. La traduction littéraire et son contexte culturel*, éd. Judit Karafiáth et György Tverdota, Budapest, Balassi, 1997.

MILLY, Jean, « Proust et Henri de *Régnier* : modes proustiens de l'intertextualité », *Revue d'histoire littéraire de la France* 1 (2000).

MOLMENTI, Pompeo et LUDWIG, Gustave, *Vittore Carpaccio, la vie et l'œuvre du peintre*, traduit en français par H. L. Perera, Paris, Librairie Hachette, 1910.

MONNIN-HORNUNG, Juliette, *Marcel Proust et la peinture*, Genève, Droz, 1951.

MOUTON, Jean, *Le Style de Marcel Proust*, Paris, Nizet, 1968.

NATUREL, Mireille, *Proust et Flaubert, Un secret d'écriture*, Amsterdam-Atlanta, Rodopi/Brill, 1999.

NATUREL, Mireille, « Miss Sacripant et le danseur pasticheur », dans *Proust et ses peintres*, éd. Sophie Bertho, Amsterdam-Atlanta, Rodopi/Brill, 2000.

OSMA, Guillermo de, *The Life and Work of Mariano Fortuny*, Aurum Press, London, 1994 ; rééd. *Fortuny : his Life and Work*, New York, Skira Rizzoli, 2016.

OSTERKAMP, Ernst, *Im Buchstabenbilde – Studien zum Verfahren goethescher Bildbeschreibungen*, Stuttgart, Metzler, 1991.

PAINTER, George, *Marcel Proust, 1871-1903 : les années de jeunesse*, t. 1, Paris, Mercure de France, 1966.

POUILLOUX, Jean-Yves, « Proust devant Chardin », *Poésie* 64 (1993).

Prenez garde à la peinture. Kunstkritik in Frankreich 1900-1945, éd. Uwe Fleckner et Thomas Gaethtgens, Berlin, Akademie Verlag, 1999.

Proust and the arts, éd. Christie Mc Donald et François Proulx, Cambridge University Press, 2015.

Proust contemporain, éd. Sophie Bertho, Amsterdam-Atlanta, Rodopi/Brill, 1994.

Proust dans la constellation des modernes, éd. Sophie Bertho et Thomas Klinkert, Berlin, Erich Schmidt Verlag, 2013.

Proust et la Hollande, éd. Sjef Houppermans, Manet van Montfrans, Annelies Schulte Nordholt, Leyde, *Marcel Proust aujourd'hui*, Rodopi/Brill, 2009.

Proust et les moyens de la connaissance, éd. Annick Bouillaguet, Strasbourg, Presses universitaires de Strasbourg, 2008.

Proust et les peintres, éd. Anne Borrel et Maïthé Valles-Bled, Catalogue de l'exposition éponyme, Chartres, Musée des Beaux-Arts de Chartres, 1991.

Proust et ses peintres, éd. Sophie Bertho, Amsterdam-Atlanta, Rodopi/Brill, 2000.

Proust und die Medien, éd. Uta Felten et Volker Roloff, Munich, Wilhelm Fink, 2005.

RICCI STEBBINS, Susan, « "Those blessed days" : Ruskin, Proust and Carpaccio in Venice », dans *Proust and the arts*, éd. Christie Mc Donald et François Proulx, Cambridge University Press, 2015.

RICHARD, Jean-Pierre, *Proust et le monde sensible*, Paris, Seuil, 1974.

RIFFATERRE, Michael, « L'Illusion d'*ekphrasis* », dans *La Pensée de l'image : signification et figuration dans le texte et la peinture*, éd. Gisèle Mathieu-Castellani, Paris, Presses universitaires de Vincennes, 1994.

ROBERT, Pierre-Edmond, *Marcel Proust lecteur des Anglo-Saxons*, Paris, A.-G. Nizet, 1976.

ROLOFF, Volker, *Werk und Lektüre. Zur Literarästhetik von Marcel Proust*, Marcel Proust Gesellschaft/Insel, Francfort, 1984.

ROLOFF, Volker, « Sur l'esthétique du voyeur dans la *Recherche*. Curiosité et spectacle du désir », dans *Marcel Proust 2, nouvelles directions de la recherche proustienne*, éd. Bernard Brun, Paris, Minard, 2000.

ROMAN-GIBHARDT, Boris, *Das Auge der Sprache : Ornament und Lineatur bei Marcel Proust*, Berlin/Munich, Deutscher Kunstverlag, 2011.

ROSENTHAL, Gabrielle et Léon, *Carpaccio, Biographie critique illustrée de vingt-quatre reproductions hors texte*, « Les grands artistes », Paris, Henri Laurens, 1906.

ROUDAUT, Jean, « Proust : “Par qui nos yeux sont déclos” ou la vie profonde des natures mortes », *L'Arc* 47, « Proust », 1971.

ROUDAUT, Jean, *Une ombre au tableau*, Paris, Éditions Ubacs, 1988.

ROUDAUT, Jean, *Les Dents de Bérénice – Essai sur la représentation et l'évocation des bibliothèques*, Paris, Deyrolle, 1998.

Savoirs de Proust, éd. Michiel Pierssens, Franc Schuerewegen et Ana González Salvador, Montreal, « Paragraphes » 23 (2005).

Sensations proustiennes, éd. Sjef Houppermans, Manet van Montfrans, Annelies Schulte Nordholt, Leyde, Brill, 2016.

SCHÖNBERGER, Otto, « Die „Bilder“des Philostratos », dans *Beschreibungskunst – Kunstbeschreibung, Ekphrasis von der Antike bis zum Gegenwart*, éd. Gottfried Böhm & Helmut Pfotenhauer, Fink, Munich, 1995.

SIROIS-TRAHAN, Jean-Pierre, « Un spectre passa … Marcel Proust retrouvé », *Revue d'études proustiennes* 4 (2016).

SOLLERS, Philippe, *L'Œil de Proust. Les dessins de Marcel Proust*, Paris, Stock, 1999.

SPECK, Reiner, « Toujours au lit », dans *Cher Ami… Votre Marcel Proust, Marcel Proust et sa correspondance*, éd. Jürgen Ritte et Reiner Speck, Cologne, Snoek, 2009.

SPECK, Reiner, *Marcel Prousts Fragebogen*, Cologne, Marcel Proust Gesellschaft, 2019.

STIERLE, Karl-Heinz, « Proust, Giotto und das Imaginäre », dans *Modernität und Tradition, Festschrift für Max Imdahl*, éd. Gottfried Boehm *et al.*, Munich, Fink, 1985.

TADIÉ, Jean-Yves, *Proust et le roman*, Paris, Gallimard, 1971, rééd. 2003.

TADIÉ, Jean-Yves, *Proust*, Paris, Belfond, 1983.

TADIÉ, Jean-Yves, *Marcel Proust*, Paris, Gallimard, « Biographies », 1996.

The Ruskin Polygon, éd. John Dixon Hunt et Faith M. Holland, Manchester, Manchester University Press, 1982.

VÂRLAN, Raluca, « La bénédiction du sanglier, Proust pastichant Ruskin », *Marcel Proust aujourd'hui* 10, Leyde, Rodopi/Brill, 2013.

WARNING, Rainer, *Proust-Studien*, Munich, Fink, 2000.

WEINRICH, Harald, *Lethe – Kunst und Kritik des Vergessens*, Munich, Beck, 1997.

WILDENSTEIN, Daniel, *Monet. Catalogue raisonné*, Cologne, Taschen, 1996 (4 vol.).

WISE, Pyra, « Proust tapissier : entre bibeloter et penser une philosophie de l'ameublement », dans *Proust et les moyens de la connaissance*, éd. Annick Bouillaguet, Strasbourg, Presses universitaires de Strasbourg, 2008.

YOSHIDA, Jo, *Proust contre Ruskin : la genèse de deux voyages dans la « Recherche » d'après des brouillons inédits*, thèse de troisième cycle, Littérature française, Université de Paris IV, 1978 (2 vol.).

YOSHIKAWA, Kazuyoshi, « Elstir : ses asperges et son chapeau haut de forme », dans *Proust et ses peintres*, éd. Sophie Bertho, Amsterdam-Atlanta, Rodopi/ Brill, 2000.

YOSHIKAWA, Kazuyoshi, *Proust et l'art pictural*, Paris, Honoré Champion, « Recherches Proustiennes », 2010.

Zeit und Text, philosophische, kulturanthropologische, literarhistorische und linguistische Beiträge, éd. Andreas Kablitz, Wulf Oesterreicher et Rainer Warning, Munich, Fink, 2003.

AUTRES RÉFÉRENCES

ARAGON, *Celui qui dit les choses sans rien dire*, Paris, Maeght, 1975.

ARAGON, Louis, *Écrits sur l'art moderne*, Paris, Flammarion, 1981.

BALZAC, Honoré de, *La Fille aux yeux d'or, La Comédie humaine*, édition de Pierre-Georges Castex, Paris, Gallimard, « Bibliothèque de la Pléiade », 1977, t. V.

BARTHES, Roland, *La Chambre claire : notes sur la photographie*, Paris, Le Seuil, 1980.

BAUDELAIRE, Charles, *Œuvres complètes*, édition de Claude Pichois, Paris, Gallimard, « Bibliothèque de la Pléiade », 1975-1976, t. I et t. II.

FLAUBERT, Gustave, *Extraits de la correspondance ou Préface à la vie d'écrivain*, présentation et choix par Geneviève Bollème, Paris, Le Seuil, 1963.

FROMENTIN, Eugène, *Les Maîtres d'autrefois*, Paris, Plon, 1914.

GIRARD, René, *Mensonge romantique et vérité romanesque*, Paris, Grasset, 1961.

GOETHE, Johann Wolfgang von, *Maximen und Reflexionen, Werke*, Hambourg, Christian Wagner Verlag, 1953. 14 vol.

GOETHE, Johann Wolfgang von, *Schriften zur Kunst*, Zurich et Stuttgart, Artemis Verlag, 1968.

GOETHE, Johann Wolfgang von, *Écrits sur l'art*, traduit par Jean-Marie Schaeffer, Paris, Garnier Flammarion, 1996.

GONCOURT, Edmond et Jules de, *Journal*, Paris, Georges Charpentier et Eugène Fasquelle, 1887-1896 (9 vol.).

GONCOURT, Edmond et Jules de, *L'Art du XVIIIe siècle*, Présentation par Jean-Paul Bouillon, Paris, Hermann, 1967.

GONCOURT, Edmond et Jules de, *Journal des Goncourt, Mémoires de la vie littéraire*, Paris, Le Seuil, « Bouquins », 1989 (3 vol.).

GONCOURT, Edmond et Jules de, *La Maison d'un artiste*, introduction de Dominique Petry et Christian Galantaris, Dijon, L'Échelle de Jacob, 2003 (2 vol.).

GRACQ, Julien, *En lisant, en écrivant*, Paris, José Corti, 1981.
LA SIZERANNE, Robert de, *Ruskin et la Religion de la beauté*, Paris, Hachette, 1897, rééd. 1909.
La Comtesse de Castiglione par elle-même, Paris, Musée d'Orsay et Réunion des musées nationaux, 1999.
La Pensée de l'image : signification et figuration dans le texte et la peinture, éd. Gisèle Mathieu-Castellani, Paris, Presses universitaires de Vincennes, 1994.
MÂLE, Émile, *L'Art religieux du XIII*e *siècle en France*, Paris, Ernest Leroux, 1898.
MICHAUX, Henri, *L'Espace du dedans* (1927-1959), Paris, Gallimard, 1966.
MONTESQUIOU, Robert de, *Les Chauves-souris*, Paris, Georges Richard, 1892, rééd. 1907.
MONTESQUIOU, Robert de, *Altesses sérénissimes*, Paris, Felix Juven, 1907.
MONTESQUIOU, Robert de, *Paul Helleu Peintre et Graveur*, Paris, H. Floury, 1913.
MONTESQUIOU, Robert de, *Les Pas effacés, Mémoires*, Paris, Émile-Paul, 1923 (3 vol.).
MORAND, Paul, *Venises*, Paris, Gallimard, 1971.
PHILOSTRATE L'ANCIEN, *La Galerie de tableaux*, traduction de François Lissarague, Paris, Les Belles Lettres, 1991.
PLATEN, August von, *Tagebücher*, Zurich, Manesse Verlag, 1990.
RÉGNIER, Henri de, *Le Miracle du fil, seize sonnets d'Henri de Régnier*, 1927 ; rééd. Paris, Hachette / BNF, 2019.
RÉGNIER, Henri de, *L'Altana ou la vie vénitienne 1899-1924*, Paris, Mercure de France, 1928, 2. vol. ; rééd., présentation de Sophie Basch, Bruxelles, Complexe, 1991 ; rééd. Grandvilliers, La Tour Verte, 2015.
RÉGNIER, Henri de, *Esquisses vénitiennes*, présentation de Sophie Basch, Paris, Éditions complexes, 1991.
RICHARD, Jean-Pierre, *Proust et le monde sensible*, Paris, Le Seuil, 1974.
RILKE, Rainer Maria, *Das Stunden-Buch*, Leipzig, Insel Verlag, 1905.
ROLIN, Olivier, *Extérieur monde*, Paris, Gallimard, 2019.
ROLIN, Olivier, *Bric et broc*, « La "Vraie vie" », Lagrasse, Verdier, 2011.
RUSKIN, John, *The Complete Works of John Ruskin*, édition réalisée sous la direction de E. T. Cook et A. Wedderburn, « Library Edition », London, George Allen, 1903-1912 (39 vol.). Disponible sur le site Internet de l'Université de Lancaster.
RUSKIN, John, *Giotto and his Works in Padua*, « Library Edition », London, George Allen, 1903-1912, t. XXIV, 1906.
RUSKIN, John, *Le Repos de Saint-Marc*, traduit en français par K. Johnston, Paris, Hachette, 1908.
RUSKIN, John, *Les Pierres de Venise*, traduction de Mathilde Crémieux, Paris, Henri Laurens (1906) ; Paris, Hermann, 1983, 2005, (avec une introduction de Jean-Claude Garcias et une préface de Frédéric Edelmann).

RUSKIN, John, *L'Éblouissement de la peinture : Ruskin sur Turner*, textes choisis, traduits et présentés par Fabienne Gaspari, Lawrence Gasquet, Laurence Rousillon-Constanty, Presses Universitaires de Pau, 2006.

INDEX NOMINUM

TABLE DES MATIÈRES

IMPRIM'VERT®

Achevé d'imprimer par Corlet Numéric,
Z.A. Charles Tellier, Condé-en-Normandie (Calvados), en mai 2021
N° d'impression : 171744 - dépôt légal : mai 2021
Imprimé en France